家庭农场收益影响因素与实证研究

基于山东省的调研数据

魏晓蓓 ◎ 著

中国社会科学出版社

图书在版编目（CIP）数据

家庭农场收益影响因素与实证研究：基于山东省的调研数据 / 魏晓蓓著. -- 北京：中国社会科学出版社，2024.11. -- ISBN 978 - 7 - 5227 - 4148 - 2

Ⅰ. F324.1

中国国家版本馆 CIP 数据核字第 2024BX0902 号

出 版 人	赵剑英	
责任编辑	周　佳	
责任校对	胡新芳	
责任印制	李寡寡	

出　　版	中国社会科学出版社	
社　　址	北京鼓楼西大街甲 158 号	
邮　　编	100720	
网　　址	http：//www.csspw.cn	
发 行 部	010 - 84083685	
门 市 部	010 - 84029450	
经　　销	新华书店及其他书店	
印　　刷	北京明恒达印务有限公司	
装　　订	廊坊市广阳区广增装订厂	
版　　次	2024 年 11 月第 1 版	
印　　次	2024 年 11 月第 1 次印刷	
开　　本	710×1000　1/16	
印　　张	13	
插　　页	2	
字　　数	161 千字	
定　　价	68.00 元	

凡购买中国社会科学出版社图书，如有质量问题请与本社营销中心联系调换
电话：010 - 84083683
版权所有　侵权必究

前　言

　　家庭农场是一种重要的现代农业微观经济组织，是构建中国现代农业经营体系不可或缺的重要新型农业经营主体，它在构建集约化、专业化、组织化、社会化相结合的新型农业经营体系中发挥了重要作用。从经济学角度看，决定家庭农场经营意愿的根本因素是家庭农场的经营收益。该经营收益不仅受到政策环境、经济形势、气候变化等外在因素影响，更与农场主及其家庭的自身特性、投入特性等内在因素有关。这些内生因素或取决于农场主的长时间积累，或取决于农场主意愿，一般很难被外界环境轻易影响。因此，本书从成本收益的视角对影响家庭农场收益的内在因素展开研究，试图拓宽家庭农场收益理论的研究范围，加深家庭农场成本收益研究的深度。此外，对家庭农场成本收益影响因素的差异性分析，丰富了家庭农场收益研究的微观特征。在实践意义上，对家庭农场收益内生性影响因素进行研究，有助于加深涉农、惠农部门对广大农户的认知，便于相关部门制定家庭农场政策时参考。

　　本书利用规模经济理论、成本收益分析理论、交易费用理论和产业组织理论，对山东省2018—2020年的1046家省级示范农场展开实地调查，运用文献研究法、实地调查法、计量分析法，以分析家庭农场发展的基本条件，家庭农场发展的历史、现状、政策等为基础，实证分析了成本类因素、农场主个体及家庭特征类因素、家庭农场基础条件类因素和生产性融资能力类因素各自对家庭农场收益的影响特点与影响力大小排序，以及四类因素之间的交互效应，并尝试提出支持家庭农场发展的政策建议。

通过描述性统计和构建多元回归模型，在分析了成本类因素、农场主个体及家庭特征类因素、家庭农场基础条件类因素和生产性融资能力类因素对家庭农场收益的影响后，有如下发现。一是在成本类因素方面，"亩均土地租金"对家庭农场的收益具有正向影响，"机械投入"对家庭农场的收益具有负向影响。二是在农场主个体及家庭特征类因素方面，农场主的年龄越大，家庭农场的收益越低，受教育水平越高的农场主将会获得更高的家庭农场经营收入。在农场主的家庭经营特征中，"租入土地面积""是否有亲友在政府部门工作"和"农场主关系链"对家庭农场的收益存在显著的影响，且关系均为正向。三是在家庭农场基础条件类因素方面，农场经营设施种类、"农场是否为周边农户提供服务"对家庭农场收益存在正向影响。四是在生产性融资能力类因素方面，融资难易程度等变量均对家庭农场收益表现出明显的正向显著影响。通常情况下，融资难度较小的家庭农场更容易改善家庭农场现金流，从而提高收益。

为进一步验证四类影响因素是否存在对家庭农场收益的共同影响，需要建立交互效应模型。交互效应包括"家庭农场贷款难度感知"与"政府补贴金额"交互效应，"提供服务种类数"与"政府补贴金额"交互效应，"土地要素投入"与"政府补贴金额"交互效应，"土地要素投入"与"贷款难度感知"交互效应。研究发现，政府财政补贴会影响资金要素、土地要素、技术要素在农村地区的资源配置，进而影响农场主对这些要素的投入决策，引起家庭农场经营收入的变化。与此同时，对技术要素的财政扶持，带动了家庭农场机械、设施的发展，家庭农场有能力为周边农业生产经营单位提供社会化服务，进而拓宽了家庭农场的收入渠道。在前文研究的基础上，本书提出了降低土地流转成本、引导适度规模发展、提高农场主知识水平、实施人才引进计划等增加家庭农场收益的政策建议。

关于影响家庭农场收益因素的影响力大小的分析结果如下。（1）从影响类型来看，累计影响力从大到小分别为农场主个体及家庭特征类影响因素、生产性融资能力类影响因素、成本类影响因素、家庭农场基础条件类影响因素。（2）就平均影响力而言，依次为生产性融资能力类影响因素、农场主个体及家庭特征类影响因素、成本类影响因素、家庭农场基础条件类影响因素。（3）就种植业与养殖业的差异而言，种植类家庭农场纯收入的影响因素和养殖类家庭农场纯收入的影响因素在影响力上存在共同之处。同时，这些影响因素也存在影响力差别，如"融资渠道数量""亲友是否在政府工作"等因素的影响力在种植类家庭农场和养殖类家庭农场间存在较大差异。

与已有研究相比，本书创新性地从成本类、农场主个体及家庭特征类、家庭农场基础条件类、生产性融资能力类四个方面构建了影响省级家庭农场收益的分析框架。本书利用2018—2020年1046家省级示范农场的实地调研数据，构建了含有交互作用项的多元线性回归模型等，分析了解释变量的独立效应和交互效应，并进行了影响力排序和分类，扩展了家庭农场收益研究的实证方法。当然，基于上述研究的政策建议具有明显的针对性。不可否认，本书没有对山东省域内的行政区划进行区分性研究，也没有对其他省份的省级家庭农场展开横向比较研究，这是本书的不足之处。

目 录

第一章 绪论 …………………………………………………… (1)
 第一节 研究背景 ………………………………………… (1)
 第二节 研究目的 ………………………………………… (4)
 第三节 研究意义 ………………………………………… (7)
 第四节 国内外文献综述 ………………………………… (8)
 第五节 分析框架与研究内容 …………………………… (19)
 第六节 研究方法与创新点 ……………………………… (22)

第二章 概念界定与理论基础 ………………………………… (25)
 第一节 相关概念的阐释与认知 ………………………… (25)
 第二节 理论基础与应用 ………………………………… (31)
 第三节 本章小结 ………………………………………… (47)

第三章 中国家庭农场发展历史与政策分析 ………………… (49)
 第一节 中国家庭农场发展的历史脉络 ………………… (49)
 第二节 家庭农场发展的相关政策分析 ………………… (57)
 第三节 本章小结 ………………………………………… (64)

第四章 省级示范家庭农场收益影响因素的经验认知与理论分析 ………………………………………………（66）

第一节 成本类影响因素分析 ……………………………（66）

第二节 农场主个体及家庭特征类影响因素分析 …………（73）

第三节 家庭农场基础条件类影响因素分析 ………………（78）

第四节 生产性融资能力类影响因素分析 …………………（81）

第五节 影响家庭农场收益的指标选取 ……………………（88）

第六节 本章小结 ……………………………………………（92）

第五章 省级示范家庭农场收益影响因素的研究设计 ………（95）

第一节 山东省省级示范家庭农场收益总体情况 …………（95）

第二节 家庭农场收益的影响因素研究设计………………（111）

第三节 本章小结 …………………………………………（118）

第六章 省级示范家庭农场收益影响因素的实证分析………（120）

第一节 描述性统计分析…………………………………（120）

第二节 实证检验结果及分析……………………………（123）

第三节 四类影响因素比较分析…………………………（131）

第四节 本章小结…………………………………………（143）

第七章 省级示范家庭农场收益影响因素的交互效应分析 ……………………………………………………（146）

第一节 家庭农场收益影响因素交互效应分析的必要性………………………………………………（146）

第二节　家庭农场贷款难度感知与政府补贴金额
　　　　交互效应分析……………………………………（148）
第三节　提供服务种类数与政府补贴金额交互效应
　　　　分析……………………………………………（151）
第四节　土地要素投入与政府补贴金额交互效应分析……（153）
第五节　土地要素投入与贷款难度感知交互效应分析……（154）
第六节　本章小结……………………………………………（156）

第八章　基于分类分析的提升省级示范家庭农场收益的政策建议……………………………………………（158）
第一节　从土地要素和劳动力要素入手降低家庭农场
　　　　经营成本………………………………………（158）
第二节　以技术服务、教育培训为主提升家庭农场
　　　　经营能力………………………………………（162）
第三节　多方面改善家庭农场软硬件基础条件……………（164）
第四节　缓解家庭农场信贷约束，提升其生产性融资
　　　　能力……………………………………………（169）
第五节　本章小结……………………………………………（173）

第九章　研究结论与讨论…………………………………（177）
第一节　研究结论……………………………………………（177）
第二节　不足之处……………………………………………（182）
第三节　需要讨论的问题……………………………………（183）

参考文献………………………………………………………（185）

第一章

绪　论

第一节　研究背景

家庭农场是完善现代农业经营体系过程中的重要微观经济主体。家庭农场是指以家庭成员为主要劳动力，并以农业收入为家庭主要收入来源的新型农业经营主体。2013年，中央一号文件《中共中央　国务院关于加快发展现代农业　进一步增强农村发展活力的若干意见》对承包土地向家庭农场、专业大户、农民合作社流转给予鼓励和支持。其中，"家庭农场"概念首次在中央一号文件中出现。从生产效率来说，中国农业生产方式传统且低效，土地利用率不高，走集约经营的道路是破解当前农业生产难题的重要方式。中国农业发展到今天，家庭农场的经营业态也发生了重大变化，现在的家庭农场以长期专业化从事农业生产、适度规模经营、商品化水平相对较高为主要特征。

家庭农场是为适应市场和现有生产力水平，形成的具有一定规模经营的专业化生产农业种养的农户企业。从农业现代化角度看，作为农业经营主体，家庭农场比一般农户更迫切需要农业新技术、新品种、新设施，是实施科技兴农战略的重要力量。同时，家庭农场主要依靠家庭成员而不是雇工从事生产经营活动，进行种植、养殖业的专业化生产。经营者一般具有一定的经营管理能力和农业相关技能，对管理家庭农场和引导农村经济发展具有带动作用，有利于新机械、新技术的推广，进而推动农业现代化。从中国粮食安全角度出发，采用家庭农场形式进行农业生产是目前比较符合中国农业特色的生产方式。一方面传统散户在生产方式上存在土地细碎化问题，导致农业机械、设施难以被投入农业生产，进而造成农业生产效率低下；另一方面，培育类似于美国的大型农场纵然可以实现规模经营，但单位产出的减少与人口众多的矛盾又难以平衡。因此，适度规模的家庭农场推广，在一定程度上可以保护中国粮食安全。然而，家庭农场的经营意向、成本收益、组织规模不仅受到政策环境、经济形势、气候变化等外生性因素影响，更与农场主及其家庭的自身特性、投入特性等内生性因素强烈相关。这些内生性因素，或由家庭农场成员长时间积累所得，或取决于农场主意愿，一般很难被外界环境轻易影响。

农业一直是山东省的传统优势产业。根据《中国统计年鉴》，山东省农业的总产值长期排在国内第一位。2020年，山东省的第一产业增加值为5363.80亿元，农林牧渔业总产值为10190.60亿元，按可比价格计算，比2019年增长3.00%，成为全国首个突破万亿元的省份。[①] 山东省的粮食、水果、蔬菜、水产品等几个主要农产品指标在全国占比很高。2019年，山东省全年粮食总产量为5357.00万吨，2020年，这一数字再创新高达5446.80万吨，总产

---

① 山东统计局：《2020年山东省国民经济和社会发展统计公报》，2021年3月1日。

量连续 7 年稳定在千亿斤以上，占全国总产量的 8.14%，位居全国前列。其中，肉类、水果、蔬菜的产量分别占全国总产量的 9.40%、10.24%、11.26%，均排名全国首位。相比于 2019 年，山东省 2020 年的水果、粮食和蔬菜产量均有增加，其中水果增幅较大（见表 1-1）。

表 1-1　　2019 年山东省粮食、水果、蔬菜、水产品生产情况

	产值（亿元）	总产量（万吨）	面积（千公顷）	单产（千克/公顷）
粮食	11.80	5357.00	8312.80	6444.00
蔬菜	10.80	8181.10	1464.20	55875.00
水果（含坚果）	12.12	1739.70	246.00	70719.50
渔业	13.97	823.30	758.90	10848.60

资料来源：《山东统计年鉴（2020）》。

作为农业大省，山东也非常重视家庭农场的发展，于 2013 年 5 月出台了《山东省家庭农场落户试行办法》，为支持和引导家庭农场发展提供了政策依据。该文件对家庭农场的登记注册、设立条件、规模、经营范围和组织形式等做了明确规定，以政府规章的形式积极支持、鼓励、引导家庭农场的建设和发展。政策的颁布与执行为山东各市级和县级部门根据各地区特点采用行之有效的调整措施，制定和执行配套的措施和支持政策，发展家庭农场经济等奠定了良好的政策环境和发展平台基础。2017 年，山东省又出台了《家庭农场省级示范场认定管理暂行办法》，旨在通过发展一批主体规范、管理标准的家庭农场，引导山东省家庭农场规范健康发展。2018 年 5 月，山东省政府印发的《山东省乡村振兴战略规划

（2018—2022年）》指出，文件中强调家庭经营的基础性地位，鼓励新型经营主体的培育，支持发展形式多样的规模经营，推动家庭经营、合作经营、集体经营、企业经营共同发展。根据山东省农业农村厅数据，截至2020年年底，山东省家庭农场已发展到8万家。

山东目前是全国家庭农场培育、发展的典型省份，具有力度大、配套政策完善、金融支持良好的特征。以山东为样本对家庭农场展开研究，更具有代表性。其对全国家庭农场发展的重要意义突出表现在两个方面：其一，山东省是农业生产大省，依据全国和山东省发展家庭农场的规划，到2022年山东省家庭农场数量将达到8万家，① 占全国数量的8%；其二，山东省农产品类型丰富，粮食、蔬菜、肉类产量均处于全国前列，这也使山东省拥有多种类型的家庭农场，适宜探索多种家庭农场发展规律，对全国家庭农场发展具有借鉴意义。同时，山东省发布《关于开展家庭农场培育行动的实施意见》等文件，家庭农场政策支持体系较完善，也有利于在全国范围内形成示范效应。

另外，省级示范农场注册规范，运行管理较科学，农场主主体认知能力强，财务等数据齐全，生产活动具有一定示范性、带动性，政策关注度高，所以本书的研究对象为山东省省级示范农场。

第二节　研究目的

家庭农场发展的根本动力是家庭农场自身收益的大小。在影响

---

① 2020年年底，山东省家庭农场已经达到8万家。根据山东省家庭农场发展规划，到2022年年底达到8万家。可以这样理解：一是在数量上，规划与实际发展有偏差；二是在2020—2022年，现有农场有注销。

家庭农场收益的诸多因素中，可以分为两大类：一类是外生性因素，另一类是内生性因素。二者具有交叉和重合的内容，客观上很难明确区分。相对来说，研究外生性因素比较难，因为他具有很大不确定性，如自然灾害。研究内生性因素相对科学，并且从推动家庭农场发展的持续因素来看，偏内生的因素更持久。我们把家庭农场自身的、长期形成的、自主调控的因素定义为内生性色彩浓的因素。目前，在中国涉农惠农政策体系逐渐完善的背景下，决定家庭农场收益的外生性因素具有时代性、宏观性，总体上非农场主自身主观能动性可以干预，所以本书研究的切入点以影响家庭农场收益的偏内生性因素为主，并进一步把影响家庭农场收益的影响因素分为成本类、农场主个体及家庭特征类、家庭农场基础条件类和生产性融资能力类四类。

本书一方面利用规模经济理论、成本收益分析理论、交易费用理论和产业组织理论来对家庭农场的形成机理、影响因素、收益机制等进行理论分析；另一方面，通过使用计量研究方法对家庭农场收益的影响因素与收益机制进行实证分析，主要研究内容如下。

第一，家庭农场发展的影响因素。作为起源于欧美的舶来名词，家庭农场在中国仍处于发展初期，其"质"和"量"均未满足现代农业的基本要求。为了进一步发展家庭农场经济，培育壮大新型经营主体，需要分析家庭农场发展的影响因素。通过文献综述等研究发现，成本类因素、农场主个体及家庭特征类因素等均为家庭农场形成的影响因素，但这些因素是否真的影响家庭农场发展，需要进一步论证。

第二，家庭农场收益与成本类影响因素的关系。家庭农场在促进农民、农村、农业发展，确保粮食安全方面具有得天独厚的优势，因此，积极培育家庭农场是发展现代农业的基础。目前已经形成的家庭农场经营状况如何，主要收益来源是什么？哪些成本类因素影响了家庭农场收益？家庭农场需要长期生存发展下去，应该采取哪些措施来调整这些关键成本类影响因素？

第三，家庭农场收益与农场主个体及家庭特征类影响因素的关系。由于家庭农场的内部分工，家庭成员在家庭生产中不同优势的互助、互补和互帮，能促使家庭农场生产高效。以家庭农场为生产单位的小农生产模式对于家庭内部资源的配置与分工更加具有依赖性。那么，正常运营的家庭农场收益具体与哪些农户自身的影响因素有关？需要回答性别、年龄、受教育水平、政治面貌等农户自身特性因素又是如何影响其收益、具体的影响方式路径如何。

第四，家庭农场收益与农场基础条件类影响因素的关系。农场基础条件如劳动力投入、机械要素、基础设施等，都可能影响家庭农场收益。那么，农场主如何增加农业投入、基础设施在多大程度上影响农场收益，以及如何利用惠农政策和自身发展提高这些要素的影响能力，应当关注并分析。

第五，家庭农场收益与生产性融资能力类影响因素的关系。家庭农场的高效运转离不开资金的支持，为维持经营的可持续性，家庭农场在运行和发展壮大的过程中要依靠多种金融工具。在此基础上，对于金融工具的使用能否有效促进家庭农场的发展壮大？需要通过定量分析农户生产性融资能力对家庭农场收益的影响，以检验融资能力与农场收益的关系。

第三节 研究意义

一 理论意义

第一，本书在综述规模经济理论、产业组织理论、成本收益分析理论、交易费用理论的基础上，从收益影响因素角度展开对家庭农场收益的探讨，拓宽了家庭农场理论研究的切入点和内容范围。

第二，本书阐述了家庭农场收益的影响因素和不同影响因素对家庭农场发展的作用机理，利于从学理上解释家庭农场收益的形成机制，深化对家庭农场的系统研究，解释影响、推动家庭农场发展的核心内驱力因素。

第三，现有研究更多地关注家庭农场发展及其影响因素，但是各影响因素之间的差异很少涉及，并且已有的有关家庭农场发展及影响因素的研究主要从宏观层面进行理论阐述，从农户自身特性、农场基础条件等微观层面的实证分析较少。本书以山东省省级示范性家庭农场为研究对象，通过调查问卷方法获取农户与家庭农场相关的一手数据，从更微观的角度实证研究家庭农场的形成机理及影响其收益的各因素，做到理论与实践的有效结合，为提出更有效的解决问题的办法奠定基础。

二 实践意义

第一，依托现有理论研究成果，家庭农场的发展有多种多样的路径和对策，但从影响家庭农场发展的根本内驱力来看，收益因素是研究更应该关注的焦点。本书从影响收益的因素分类角度去分析家庭农场的内驱力，并从实证的角度提出问题、解决问题，从微观研究出发，从宏观视角提出政策建议，对家庭农场发展更具有针对性。

第二，发展现代农业的前提是适度规模经营，厘清投入要素对收益的影响，有助于判断家庭农场可持续性经营的影响因素。能够从多维度展现与农业大户、农民合作社、农业企业相比，家庭农场的优势所在。从实证角度解释家庭农场是解决中国农业发展的诸多问题的主渠道、主路径的原因。

第三，选取的山东省省级示范家庭农场具有典型性，将山东省家庭农场发展的先进经验总结成理论成果，有助于全国范围内的农业大省制订适宜的、有指向性的家庭农场发展计划，进一步促进各地农业和家庭农场的发展。

第四节　国内外文献综述

一　家庭农场基础条件类因素对家庭农场收益影响的研究

关于家庭农场基础条件的研究主要围绕家庭农场对农业生产的影响、家庭农场组织模式、家庭农场的交易成本、家庭农场经营模式四个领域展开。

关于家庭农场对农业生产的影响，从已有研究可知，家庭农场对土地的规模化经营具有显著优势。一方面，家庭农场的规模化经营有助于推动新技术的应用以及生产的机械化程度提升；另一方面，作为多元农业生产经营者中的重要成员，家庭农场是现代农业进步的重要支撑，最终实现农业生产经营水平的提高，增加家庭收入。

在家庭农场组织模式方面：其一，家庭农场兼具农业生产以家庭为基本经营单位的传统，克服了家庭经营规模狭小的局限，同时保留农业的自然属性和社会属性，实现了农业特征和家庭特征的深度融合，在一定程度上可以解决"谁来种地"的问题；其二，家庭农场与传统普通农户的区别不仅在于生产经营的规模化，更在于生产经营的专业化，顺应了未来农业发展规模化、专业化的方向。

在家庭农场交易成本的已有研究中，交易成本的降低基本得到学者们的认同，主要表现在：第一，由于家庭农场规模化经营，经营的稳定性相对于普通农户显著提高，交易风险降低，因此家庭农场在与其他政府部门或农业经营主体交易时，由风险所产生的交易成本得到降低；第二，在家庭农场的生产活动中，家庭成员充当农场劳动力，既避免了雇工带来的道德风险，又减少了监督生产的代理成本，因此避免了交易成本中的雇用费用、代理费用。

关于家庭农场经营模式的分类，学者们根据不同的依据将家庭农场划分为不同的模式：依据产业形态，将家庭农场划分为家庭农场、牧场、林场和渔场；根据区位条件，可分为都市区、优势产区和特色产区家庭农场；根据农业多功能性和经营产品多样性，分为专业型和综合型家庭农场；根据家庭农场合作形式，分为家庭农场"+公司""+市场""+合作社""+合作社+公司"；根据资源的匮乏程度，将国外的家庭农场分为以丹麦、以色列为代表的资源缺乏型国家的家庭农场，以法国为代表的农业资源一般型国家的家庭农场，以美国、加拿大为代表的农业资源丰富国家的家庭农场；根据国内地区实践探索经验，划分为松江模式、宁波模式、郎溪模式和民权模式四种具有代表性的模式。

二 成本类因素对家庭农场收益影响的研究

(一) 家庭农场的农地投入要素研究

其一，农地投入规模是家庭农场发展的核心，有关农地投入规模的研究对家庭农场的发展至关重要。一方面，部分学者认为家庭农场应尽量扩大农地的规模，保证规模效益要高于当地家庭的平均效益；另一方面，部分学者认为农地投入规模在于适度，不在于盲目地扩张规模，适度规模更有利于生产要素对不同资源的聚合与运用，实现固定要素投入下的利益最大化。两种内涵的矛盾是出于对规模和效益的思考，因而农地投入规模并不仅仅是土地面积的大小，更是劳动力、资金、技术等生产要素的规模配对。

其二，中国家庭农场还存在土地规模不足和土地细碎化问题。尽管中国家庭农场土地经营的总体规模在2014—2018年呈现逐年上升的趋势，但除了2015年外，其他年份家庭农场实际经营面积均小于理想经营规模。与此同时，未来准备缩小规模或保持规模不变的家庭农场逐年增多，这进一步限制了家庭农场的规模扩大。影响家庭农场土地经营规模的因素众多且复杂，其主要因素是家庭农业收入和家庭自有劳动力，这两个因素分别决定了家庭农场经营规模的下限和上限。具体表现为：第一，土地租金上升导致单位面积收益降低，农业收入下降，农场主通过提高土地经营规模下限提高收入总量；第二，由于技术水平和地理条件等因素存在，机械动力不能完全替代人工，因此家庭自有劳动力数量容易约束家庭农场规模扩张，导致存在土地经营规模上限。除了土地经营规模，中国家庭农场经营中还存在土地细碎化问题，平均一个农场经营15块地，需要与48—58户农户签订土地流转合同，流转成本也在逐年增加，在一定程度上加剧了家庭农场的经营困难。

（二）家庭农场的劳动力要素研究

家庭农场普遍以家庭成员为主要劳动力进行农业生产经营，但由于农业生产具有周期性和季节性特征，农忙阶段需要投入大量劳动力，而农场本身无法提供如此多的劳动力，就会临时雇用季节性员工满足其需要，当家庭农场发展到一定规模时，还会产生更多管理性的劳动。因此，家庭农场中的劳动一般分为三种形式，生产性劳动、雇用劳动和管理性劳动。其中生产性劳动是农场主雇用自身参与农业生产经营，国内家庭农场经营中主要采取这种劳动形式进行生产经营；季节性雇用劳动是农场主通过交易行为雇用季节性员工为自己提供劳动，同时这些雇员多为附近居民或与农场主有各种社会联系，其工作多为帮忙性质；相对于简单劳动性质的生产性劳动，管理性劳动的强度相当于多倍的简单劳动，是管理者知识、智力、能力的付出。

（三）家庭农场的农用机械投入要素研究

家庭农场的规模化生产与少量劳动力之间的矛盾依靠农用机械投入得到一定程度的缓解，同时农业机械的规模效应逐渐凸显，对劳动的替代作用也在逐渐变强。为提高中国农业机械化水平，促进现代农业发展，国家制定各种支持政策增加农业机械化在农业生产中的应用。在这一过程中，一些农机合作社开始涌现。但由于发展的无序性，出现了各种问题。其中，阻碍农机合作社有序发展的因素主要包括文化水平的限制，农场主对使用机械化存在意识的欠缺及土地机械化水平不高。因此，为进一步提高家庭农场机械化水平，可以通过提高农场主的文化素质水平、聘请具有先进农机合作社管理经验的技术人员进行指导、借鉴国外农机合作社的管理方法等提高中国家庭农场的机械化水平。

（四）对家庭农场的社会化服务研究

由于家庭农场的规模化和集约化的特点日益凸显，服务家庭农场技术培训、水利灌溉、交通运输等需求的农机的社会化服务体系已基本形成。社会化服务体系通过协同农业科技、人才、信息等各种家庭农场发展所需的现代生产要素，构建家庭农场生产、服务价值链条，促进家庭农场的发展。从实证分析的角度看，家庭农场经营规模越大，对技术培训、水利灌溉、交通运输等服务的需求也越大，因而社会化服务对家庭农场发展有显著的正向影响。

三 农场主个体及家庭特征类因素对家庭农场收益影响的研究

研究发现，个人和家庭因素不但影响当前家庭农场的收入，还影响家庭农场的代际传承，进而影响继任者农场收入。

（一）农业劳动力性质的理论研究

对于农业劳动力性质的讨论，主要是基于农业和农村人力资本理论的框架下展开的，并形成了系统的理论体系。早期的经济学家们分别阐述了农业对经济发展的基础性作用和人力资本对生产与经济活动的作用。色诺芬在《经济论》中明确提出农业是财富的主要源泉。这与当时的社会生产力、生产关系以及产业结构有相当大的关联，但该论著并未提及财富或价值的本质。直到威廉·配第提出劳动决定价值的"价值论"，劳动力作为一种要素进入经济学视野。随后，理论界不断探讨和拓展劳动力性质的研究。亚当·斯密在《国富论》中提出了人类后天获得的知识是投资的一部分的观点，将劳动力的性质从"量"的维度扩展到了"质"的维度。而后，马歇尔在《经济学原理》中将劳动力性质进一步拓展，认为所有投资中，对人本身的投资才是最有价值的。农业生产中，劳动力的性质也极其相似。农业劳动力是农业发展中重要的投资要素，对农业发展起到至关重要的作用，即使农业机械化率大幅提高，农业劳动力大幅减少，机械生产也不能完全替代农业劳动力。

（二）农业劳动力对农业增长贡献的理论研究

人的知识能力和技术水平等新的生产要素逐渐代替土地、资本等传统要素，大大促进了农业生产率的提高。知识、技术要素的使用对经济增长的贡献率远大于传统生产要素对经济增长的作用。这一观点逐渐获得学术界的验证，如 J. Ulimwengu 等对越南农民的研究和 Mónica M. Jaime 等对智利农民的研究均指出，农业劳动力的文化水平正向影响农业生产效率水平。[1] 在此基础上，R. Mohapatra 进一步明确，农场主的受教育程度和务农经验显著提高了农场的利润水平。[2] 这说明现代农业经济的发展已不能单纯依靠资源禀赋和人的体力劳动，应该发挥知识技术等生产要素对经济增长的促进作用。也就是说，对农业劳动力知识技能的培训，可以替代部分土地要素的作用，促进农业产出和农业经济增长。

学术界测度农业劳动力对农业增长贡献的重要指标之一是"产劳"弹性系数。中国农业"产劳"弹性系数的耦合类型主要以农业经济、农业劳动力"同增"的增长型和农业经济增长、农业劳动力减少的集约型为主，分别分布在中国的西北和东南部地区。引起

---

[1] J. Ulimwengu, O. Badiane, "Vocational Training and Agricultural Productivity: Evidence from Rice Production in Vietnam", *Journal of Agricultural Education & Extension*, Vol. 16, No. 4, 2010; Mónica M. Jaime, César A. Salazar, "Participation in Organizations, Technical Efficiency and Territorial Differences: A Study of Small Wheat in Chile", *Chilean Journal of Agricultural Research*, No. 1, 2011.

[2] R. Mohapatra, "Farmers' Education and Profit Efficiency in Sugarcane Production: A Stochastic Frontier Profit Function Approach Mohapatra, Rangalal", *IUP Journal of Agricultural Economics*, No. 4, 2011.

弹性系数差异的原因比较复杂，整体上看，理论界相关研究主要关注农业劳动力流动模式变迁和农业劳动力部门竞争对农业增长造成的影响。第一，农业劳动力流动模式变迁促进全要素农业生产效率的增长。在整个城镇化进程中农业劳动力流动模式将依次经历"大规模化转变"和"双向化转变"两次转变。总体而言，农业劳动力流动模式变迁有效地促进了全要素农业生产效率的增长，但与"大规模化转变"相比，"双向化转变"对全要素农业生产效率提升的边际促进作用相对更弱。第二，农业劳动力部门竞争对农业生产率存在非线性影响。钟成林等通过实证分析发现农产品出口对农业生产效率的非线性影响，当农产品出口份额指数超过临界点时，农产品出口对农业生产效率的抑制作用将会加剧。[1] 农业生产规模扩张不仅抬高了触发农业劳动力部门竞争的临界点，提升了农业经济系统对农产品出口的包容性，而且还逆转了跨越门限点后农业劳动力部门竞争对农业生产效率影响的符号，促进了农业生产效率的提高。

（三）农户素质对收入影响的理论研究

现有的农村人力资本理论中缺乏农民素质对收入影响的有关研究，学术界就家庭成员个体特征对家庭农场收益影响的研究非常有限。所谓的人口素质，是指在一定的生产力水平、社会发展阶段和社会制度下，人口群体认识并改造世界的条件和能力。中国作为农业大国，应意识到人口素质尤其是农民素质的低下是影响中国走向富强的主要障碍。农民文化素质水平直接关系到农民的收入水平，同时也决定着农业生产力的发展程度。更进一步地，农户素质将影

---

[1] 钟成林、滕玉华、张毓卿：《农产品出口、农业劳动力部门竞争与农业生产效率：基于面板门限回归模型的实证研究》，《世界经济研究》2019 年第 5 期。

响农村地区乃至社会的进步，故而要使中国实现强国之梦，必须着力提高农民素质，进而提高农业劳动生产率。从微观层面来讲，农民的文化科技素质又直接影响了农民素质，农民文化素质的高低会影响农民的金融素养，进而影响农民的平均收入。其中，金融素养主要通过影响农民金融行为间接影响农民收入。研究表明，农户在金融方面的素质会通过影响其生产资金来源结构、理财科学性与多样性、风险分散准备对农户可支配收入产生影响，这种影响的中介效应占总效应的比重分别为38.35%、18.58%、26.17%。量化研究进一步发现，正规信贷的获取规模、理财的科学性与多样性、保险产品的购买种类每增加1个单位，则农民收入水平将分别提高3.25%、17.59%、9.53%。

四 生产性融资能力类因素对家庭农场收益影响的研究

（一）家庭农场融资需求研究

家庭农场的融资来源主要有内源性融资与外源性融资两种途径。内源性融资是指家庭农场依赖于自身前期的资金积累来满足资金需求，在家庭农场发展的初期，中国大部分农场资金来源主要依靠自身积累。外源性融资是指家庭农场通过向其他经济机构借贷的方式获得资金。随着家庭农场规模的扩大、经营年限的加长，单纯依靠内源性融资难以满足家庭农场发展需求，融资模式将逐渐转向外源性融资。因此，家庭农场理应与中小型金融机构保持长期合作，减少信息不对称的同时还有助于解决信贷可得性等问题。

与国外家庭农场相比，中国家庭农场在创办初期缺乏原始积累，因此初始阶段就对外源性融资有较大需求。与需求成反比的是，中国家庭农场的融资渠道单一、融资成本高。一般来说，国有金融机构很难满足众多家庭农场对金额大、期限长的资金需求。尽管有些金融机构加大了对家庭农场的金融支持力度，但由于广泛存在的信息不对称、家庭农场缺乏合格抵押品、农业保险不足，以及正规金融机构信贷产品匮乏等原因，家庭农场仍旧被迫选择其他融资渠道。有关家庭农场融资需求的影响因素研究，家庭农场特征，农场主的文化程度、年龄、社会关系等因素都会影响家庭农场的融资可得。

（二）家庭农场融资能力影响因素的研究

影响家庭农场融资能力的因素分为宏观和微观两个层面。宏观层面上，货币供应量、利率、汇率、农产品的价格、物价水平会影响贷款成本，进而影响家庭农场信贷需求。同时，信贷难度会导致低风险的农业项目退出，引发农村项目的平均风险程度提升，进而导致平均利率增长，使家庭农场因为无法承担高利率而放弃申请贷款。此外，还有农村地区社会信用体系不完善、社会信用缺失等宏观因素影响家庭农场的融资能力。相比于宏观层面，微观层面上的影响则复杂得多。从个体特征上，家庭农场主自身的性别、年龄、受教育程度是主要影响因素；从经营特征来说，农业收入在家庭总收入的占比、种植规模、种植类型也属于重要影响因素；在家庭农场主资源条件方面，社会关系、自有资金、家庭农场主居住地与信贷机构的距离、年均投入等也影响家庭农场的融资能力；从认知和经验角度而言，对金融支持政策的认知、贷款经历、对正规信贷支持的认识、保险参与情况也显著影响家庭农场的融资能力。

（三）金融支持家庭农场发展研究

当前家庭农场的金融支持方面还存在一定的问题，采用最适当和有效的农业监管和金融支持方法是每个国家面临的主要任务之一。现有问题主要表现为金融体系不健全、信贷支持不充分、农业保险和期货发展比较落后。在促进农业整体发展的过程中，正规金融机构提供的贷款极其有限，家庭农场等农业生产者很难通过正规金融机构获得足够的贷款。当难以获得正规金融机构的贷款时，家庭农场等农业生产经营者就会转向民间借贷等非正规金融渠道，导致非正规金融机构活跃。但是，非正规金融的发展受到国家有关政策的限制，这客观上增加了融资成本，限制了农业生产规模的扩大。为解决这些问题，学术界展开了一系列对家庭农场提供金融支持的讨论，并普遍认为政府干预是提高金融机构的信贷意愿、缓解家庭农场融资困难的重要抓手。在具体建议上，第一是政策层面，通过政府政策逐渐引导金融支持向农业领域转移，同时要加强对财政资金支持的绩效评价、建立保险数据共享机制、采用行政手段积极维护金融市场秩序。更为重要的是，要继续完善信贷资源价值形成机制，并着手解决农业相关主体担保信贷义务的问题。第二是金融体系方面，在信贷融资上，着重优化融资担保服务、增设网点、建立"互联网+家庭农场"的信息网络平台、扩大信贷范围、创新信贷产品，当家庭农场主缺乏合格有效抵押物的时候，尝试以权属质押为突破口，充分发挥资本市场的作用；在保险支持上，着力构建政策性和商业性相结合的保险服务体系，以及有效的财政配套体系来支持家庭农场的发展。在科技创新上，基于金融科技的供应链融资业务开展服务于家庭农场发展的新模式。在金融体系配套完善的基础上，引导金融体系为家庭农场提供技术支持、拓宽销售渠道等增值服务，进而增加家庭农场经营收入。第三是家庭农场方面，家庭农场必须从两方面提升自身获取金融支持的能力：一方面是家庭农场的资金链条稳定性，在保持家庭农场财务处于稳定水平的基础上获取信贷增信；另一方面是家庭农场品牌经营的塑造能力，通过自身特色化经营形成品牌影响力，进而提升信贷可得性和融资吸引力。

五 文献评述

学术界对家庭农场的研究由来已久，对其组织模式、交易成本、经营模式等方面的特征也形成了比较一致的意见。

现有成果关于家庭农场成本收益的分析中，多从要素投入角度入手。关于土地要素投入的研究认为，农地规模是土地与其他生产要素的投入比。关于劳动力要素投入的研究认为，家庭农场中的劳动一般分为三种形式——生产性劳动、雇用劳动和管理性劳动。不过在家庭农场中，经营者和雇员一般为农场附近居民，多有亲属关系，表现为互相帮工的特征。关于机械要素投入的研究认为，农业机械化是中国较早就提出的发展战略，目前农机合作社已成为农业机械化的重要力量，家庭农场等土地管理水平的提高对于农业机械的依赖程度越来越高。不过，土地规模与农业机械服务使用率之间存在非线性关系。关于社会化服务要素投入的研究认为，多数学者认为经营规模对农户社会化服务使用有显著的正向影响。家庭有效灌溉面积越大，农户对农田水利设施、道路交通设施、电力设施的需求意愿越强。

实践经验表明，农场家庭特征对家庭农场收益影响较大，但是国内外鲜有专门研究家庭农场家庭特征对农业收入影响的成果。尽管国内学者对农民素质和家庭收入的关系做过一些探讨，但就农民素质对其认知特征、家庭收入的影响这一领域并没有形成系统的理论和文献，离系统、深入研究还有一定距离。

关于生产性融资能力对家庭农场收益的影响研究，学术界将家庭农场的融资途径区分为外源性融资和内源性融资。文化程度、社会关系、年均投入、农场主的自有资金、有无贷款经历及资信水平等对家庭农场融资能力有显著影响。

从既有理论成果来看，大多数成果分析了发展家庭农场的必要性及从哪些角度入手发展，研究视角维度单一，忽视了家庭农场的成本与收益因素。因此，有必要展开家庭农场收益研究，深化该领域的研究内容。但是，就国际经验和中国实践来看，农业的政策属性、自然属性非常明显，对家庭农场影响的不确定性大。因此，从科学性角度看，研究影响家庭农场收益的影响因素更具有可行性，也会提升家庭农场研究的深度。

第五节　分析框架与研究内容

一　分析框架

本书具体分为提出问题、理论基础、宏观经验分析、实践调研、实证分析、政策建议等八部分内容。基于研究家庭农场收益的目的，首先对家庭农场的概念内涵进行阐述，对家庭农场发展的理论和农场发展相关的政策含义进行分析。其次，围绕家庭农场收益，建立计量经济模型分别对成本类、农场主个体及场家庭特征类、家庭农场基础条件类和生产性融资能力类等影响因素对其影响分别讨论，同时通过交互效应模型探求因素对农场收益的共同影响。最后，基于研究结果提出政策建议（见图1-1）。

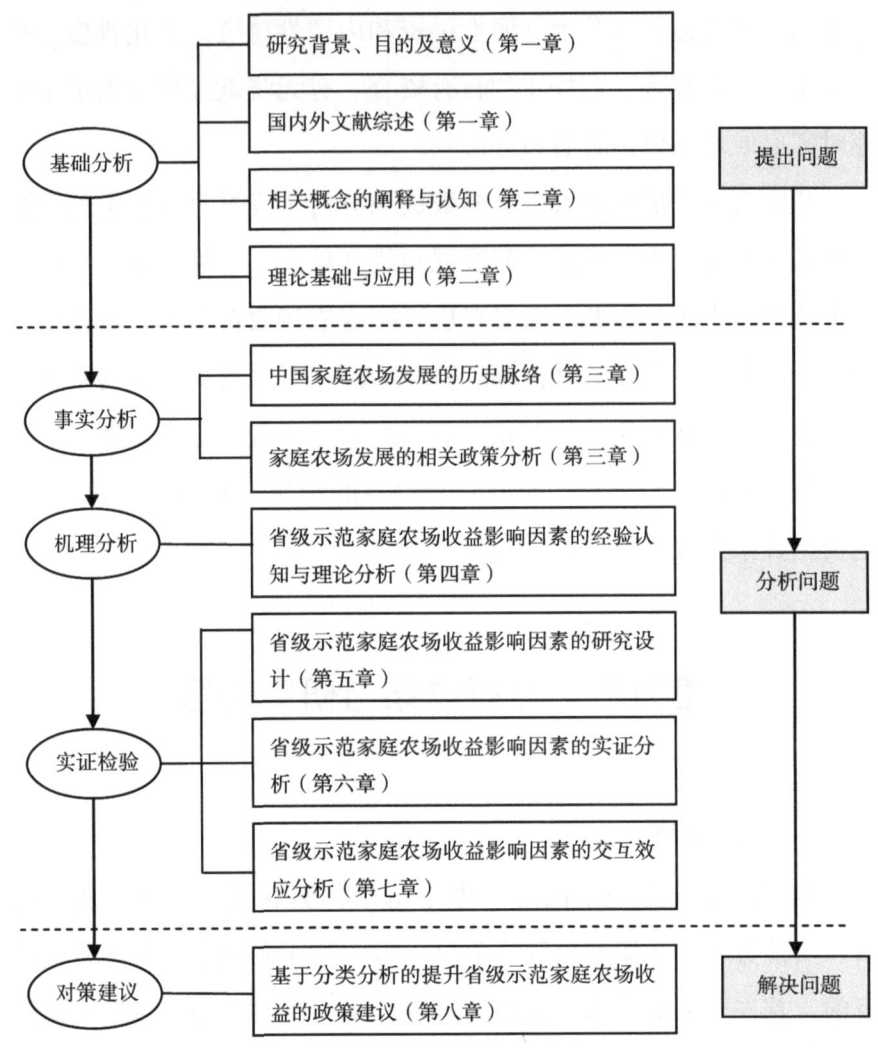

图 1-1　技术路线

二　研究内容

本书的研究内容概括为以下四个方面。

第一，中国家庭农场发展历史与政策演变。该部分主要总结和追溯了中国家庭农场发展阶段,并对中国家庭农场相关的政策进行解读,探讨中国家庭农场发展的理论基础和政策推动。

第二,山东省省级示范家庭农场收益的影响因素。该部分主要从成本、农场主个体及家庭特征、家庭农场基础条件、生产性融资能力四个方面对山东省省级示范家庭农场收益的影响因素进行了识别和探讨。其中成本类包括土地要素投入、劳动力要素投入、农用设施要素投入、农用机械要素投入四个方面;农场主个体及家庭特征两方面具体分析了农场家庭的特征类因素与收益;农场基础条件类因素包括自有劳动力投入、农用机械要素投入、农业设施要素投入、生产外溢性要素投入四个方面;生产性融资能力因素包括融资渠道数量、经营年限、社会化服务、政府扶持。进一步,本书分析了各因素的影响能力大小,并分别对种植业、养殖业进行了分析。

第三,山东省省级示范家庭农场收益的影响因素交互效应分析。该部分关注了影响因素之间的交互效应。经建立模型检验,共识别出四组交互效应:家庭农场贷款难度感知与政府补贴金额交互效应、提供服务种类数与政府补贴金额交互效应、土地要素投入与政府补贴金额交互效应、土地要素投入与贷款难度感知交互效应,该部分还分析了交互效应的机理。同时,研究还发现,土地要素的投入与贷款难度感知存在交互作用。

第四,基于要素分类视角增加家庭农场收益的政策建议。该部分从四个方面提出了增加家庭农场收益的政策建议。一是在改进家庭农场成本类因素方面,重点强调加强土地要素合理配置,引导适度规模发展,引导家庭农场配备必要生产性机械。二是在提升农场主个体及家庭特征类方面,建立多层次农民培训体系,培育新型农民。三是在改善家庭农场基础条件方面，重点强调优化农业经营设施补贴机制，实施对家庭农场具有针对性的技术推广。四是在综合提升生产性融资能力方面，实现与政府补贴功能互补，拓宽家庭农场融资途径，构建家庭农场信用担保体系，进一步完善家庭农场保险支持体系。

第六节　研究方法与创新点

一　研究方法

本书的主要研究方法包括以下三种。

第一，文献研究法。搜集阅读国内外相关领域的经典文献，了解国内外家庭农场相关领域的研究进展，在已有学者的理论成果基础上，分析家庭农场发展的主要影响因素、家庭农场的历史、现状及收益，在此基础上，提出本书的主要研究思路及内容。

第二，问卷调查法。本书以2018—2020年山东省省级示范农场调研数据为基础，通过对山东省各市（县、区）的省级家庭农场收入及农场经营者的家庭特征等情况进行实地调查研究，对家庭农场建设的成果、可借鉴经验、存在的问题和影响因素通过问卷调查与访谈调查法的形式进行探究、挖掘，总结家庭农场收益的影响因素与存在的问题。

第三，计量分析法。本书借助层次分析法选取合适的解释变量，使用实地调研后整理获得的混合截面数据，在此基础上构建多元线性回归模型、交互效应模型等计量模型，对家庭农场收益的影响因素以及各影响因素的差异进行实证分析。

二 创新点

本书基于山东省省级示范农场 2018—2020 年的问卷调查数据，运用文献研究法、问卷调查法、计量分析法，实证分析了家庭农场偏内生性因素对家庭农场收益的作用效应，分析影响要素的相互效应，并尝试提出支持家庭农场发展的政策建议。与已有研究相比，本书的创新点如下。

第一，构建了家庭农场收益影响因素的分析框架，丰富了家庭农场收益影响因素的研究领域。影响家庭农场收益的相关因素总体可分为内生性和外生性因素。国内的诸多家庭农场收益的研究成果，很少有深入分析内生性或外生性原因的成果。本书从土地要素成本、劳动力要素成本、农用机械要素投入、农用设施要素投入四个方面，构建了农场主家庭特征、融资有效供给、融资可获得性、经营年限、社会化服务、政府扶持等二级指标，与以往的诸多研究相比，家庭农场收益偏内生性原因的分析框架具有一定创新性。家庭农场发展需要资金、劳动力、土地等基本生产要素，而且也需要政府补贴、先进技术、管理人才等要素。不仅如此，家庭农场在信用构建、风险规避、价格发现、技术运用等方面也需要通过其他手段来进一步优化与支持。但是，家庭农场从设立到发展是一个综合性的系统工程，不同的手段对家庭农场经营收益的作用不同。本书通过对家庭农场经营收益的相关文献进行研究，多角度梳理了家庭农场收益的影响因素，提出了家庭农场经营收益增加的理论设想，进一步丰富了家庭农场经营收益的理论领域。

第二，扩展了家庭农场收益研究的实证方法，并创新性按照类别给出了推动家庭农场发展、提高家庭农场收益的政策建议。本书在对影响家庭农场收益的影响因素进行分析时提出了四类假设，即成本类原因的研究假设，农场主及家庭特征类原因的研究假设，家庭农场基础条件类原因的研究假设，家庭农场生产性融资能力类原因的研究假设。其中，在每一个假设中都相应地选取了合适的解释变量与被解释变量，并提出了每个解释变量对家庭农场收益影响的正负关系。本书构建了多元线性回归、多项分类逻辑回归和含有交互作用项的多元线性回归等模型，分析了解释变量的独立效应和交互效应。该研究扩展了家庭农场收益研究的实证方法，在该领域具有一定的创新性。在建议方面，尤其是在改善农机具购置补贴办法、创新"三权分置"与土地流转办法、建设家庭农场信用担保体系、农业保险促进家庭发展等方面，提出了创新性建议。

第二章

概念界定与理论基础

第一节 相关概念的阐释与认知

一 家庭农场省级示范场

（一）家庭农场的概念界定

学术界从多个角度讨论了家庭农场的内涵。从发展定位角度，有学者认为，中国家庭农场应以市场配置为基础导向，以生产的商品化为形式，进行规模化运营，调动农场运营家庭的主动性、积极性，不断提升农场生产经营的集约化程度和市场竞争力。从生产特征角度，有学者认为，家庭农场是充分结合现代生产要素并以家庭经营的农业经营新主体，应充分发挥家庭经营的协作性优势，提升农场生产要素的专业化、社会化、规模化水平。也有学者从多维度界定家庭农场的概念，如关付新从经营主体、生产目标、经营方式三个方面界定家庭农场的内涵，认为家庭农场的经营主体应该是农户家庭，以利润追求最大化为目标，推行适度规模的经营方式。①

家庭农场作为一个概念被首次提及是在 2013 年的中央一号文件中，这一概念在原农业部的有关落实文件中被确定下来：以家庭成员为主要经营力量和劳动力量，进行农业的规模化、集约化、商品化经营活动，以从农场获得的收入作为农场经营家庭主要收入来源而结成和运作的新型农业生产经营实体。根据本书的主要研究目标，结合既有研究成果对家庭农场的概念阐述，本书将家庭农场界定为：以家庭成员为主要经营力量和劳动力量，以家庭为基本生产和经营组织，进行标准化、规模化、集约化、商品化农业生产经营活动，并以农场获得的收入作为农场经营家庭主要收入来源而结成和运作的新型农业生产经营实体。家庭农场保留了农户家庭经营的内核，坚持了家庭经营的基础性地位，是引领农业适度规模经营、发展现代农业的新生力量。

设立家庭农场需要具备家庭经营、适度规模、市场化经营、企业化管理四个显著特征，并且要满足拥有相对适宜的经营规模、将家庭成员作为主要劳动力、长期稳定经营、工商登记注册等要求。注册家庭农场后，经营农场的家庭的身份也由单纯的劳动者转变为综合性的兼具所有者、劳动者和经营者属性的统一综合主体。家庭农场与自给自足的小农经济相区别的根本特征指标是，是否参与市场交换，以此为指向进行农业商品的生产，并具体通过技术、管理、人力资源等方面的提升来发展和壮大家庭农场。

(二) 山东家庭农场省级示范场的认定标准

家庭农场省级示范场是指经省农业农村厅会同省财政厅、省工

---

① 关付新：《华北平原种粮家庭农场土地经营规模探究——以粮食大省河南为例》，《中国农村经济》2018 年第 10 期。

商行政管理局等部门，按照相应标准、程序认定的具有示范带动作用的家庭农场。山东省农业农村厅根据《关于引导农村土地经营权有序流转发展农业适度规模经营的意见》《关于加快构建政策体系培育新型农业经营主体的意见》《关于引导农村土地经营权有序流转发展农业适度规模经营的实施意见》等文件要求，制定了《山东省家庭农场省级示范场认定管理办法》，从基本要求、生产管理、生产规模、认定程序四个方面对家庭农场省级示范场提出具体要求。

一是基本要求方面，要求具备"主体规范、场所齐备、设施配套、从业人员素质较高"四个基本要求，并提出具体判定规则——"家庭农场省级示范场需完成工商登记一年以上且经营土地规模相对稳定（土地租赁期或承包期在5年及以上）"。

二是生产管理方面，家庭农场省级示范要求生产组织、生产过程、产品销售、主要产品分别实现标准化、机械化、订单化和品牌化，对标准化生产率提出了达到100%的要求。

三是生产规模方面，家庭农场省级示范场要求具有一定规模效应，并按照种植业、畜牧业以及种养结合区别划分具体种植面积及养殖数量底线。例如，从事大田种植农场的粮食作物种植面积为100—500亩，从事生猪养殖农场的生猪年出栏头数达到500头以上或能繁母猪保持在30头以上等。在生产效益方面，家庭农场省级示范场提出了"经济效益好、带动能力强、生态效益好"的标准，明确要求家庭农场省级示范场须达到亩均产量比本县（市、区）平均产量高10%以上，或年人均纯收入较之同县级单位农民高30%以上的标准。

四是认定程序方面，家庭农场省级示范场主要采取"自愿申报、择优推荐"的方式选拔，由省农业农村厅、省财政厅等部门委托第三方进行材料审核及实地勘验后公示并宣布家庭农场省级示范场入选名单。在监测管理方面,实行"择优劣汰、动态管理",对撤销家庭农场省级示范场称号情况加以明确并规定处罚力度。截至2019 年年底,山东省家庭农场省级示范场已达到 685 家,并明确"到 2022 年年底,全省家庭农场数量达到 8 万家,其中省级示范场达到 1000 家"的目标任务。

二 家庭农场的成本与收益

家庭农场收益以会计中权责发生制原则为基础进行核算,其计算方法主要为经济收入减去经济成本。其中,经济成本包括生产成本(生产资料、服务费用、人工成本)、土地成本,经济收入包括销售收入、转移支付收入。

(一) 家庭农场的经济成本

从理论上讲,家庭农场总经济成本主要由两大部分构成,这两部分成本来源于生产和土地。

1. 家庭农场的生产成本

家庭农场的生产成本主要包括生产过程中产生的生产资料、服务费用和人工成本等投入。所谓生产资料、服务费用,就是从长期生产经营过程中,所产生的各种农业生产资料、购买服务的支出及其他与生产有关的实物或现金支出,包括直接费用和间接费用。所谓家庭农场的直接费用主要是指因购买种子、化肥、农药以及租赁作业等所产生的费用,这些费用直接产生于农业产业化经营过程,并以实际投入的消耗为计算依据。所谓家庭农场的间接费用,主要是指家庭农场的固定资产折旧、管理支出、保险费用、销售费用等消耗。农户生产规模的扩大必然会增加化肥、种子、农药等农用物资的投入,但相较于小农生产,家庭农场降低了农用物资的单位成本，简化了与服务商进行交易博弈的过程，降低了与交易有关的费用支出。

家庭农场的人工成本指在从事农业生产中，因使用劳动力所产生的成本，包括使用家庭自有劳动力所产生的用工的市场折价和因使用外部劳动力所产生的雇用费用。需要指出的是，家庭农场相较于小农生产，一方面机械化程度大大增加，降低了人工成本，加快了作业速度；另一方面家庭农场成员目标的一致性大大降低了人工的监管成本。

2. 家庭农场的土地成本

家庭农场的土地成本是指因使用家庭农场土地所支出的费用。土地在市场环境下是一种重要的生产要素，而市场化的生产要素是有成本的。对于家庭农场而言，土地成本主要是流转地租金，还包括一部分自营地租金。流转地租金是指为扩大家庭农场规模而流转他人土地所付出的租金。在中国农村联产承包制背景下，该项成本在家庭农场成本支出中占有较大比例。自营地租金所占比例较少，主要是指自营地的机会成本。

（二）家庭农场的经济收入

家庭农场的经济收入指在经营过程中所获得的收入总量，主要包含销售收入与转移支付收入。

1. 家庭农场的销售收入

销售收入由农产品单价与销售数量相乘所得。需要指出的是，相比于小农生产，家庭农场生产规模的扩大必然导致农产品生产数量的上升，从而使农产品的销售数量有所上升。另外，农业生产规模的扩大足以提升粮商求购的主动性，将市场推向卖方市场，从而将农产品售以高价。农产品单价及数量的上升带来家庭农场销售收入的增加。

2. 家庭农场的转移支付收入

家庭农场的转移支付收入主要是根据《关于全面推开农业"三项补贴"改革工作的通知》所获得的"农业支持保护补贴"。自2016年起，山东省为实现"支持耕地地力保护和粮食适度规模经营"，将"三项补贴"列为强农、惠农政策，将之前施行的农作物良种补贴、种粮农民直接补贴和农资综合补贴"三项补贴"合并为"农业支持保护补贴"。山东省财政厅和农业农村厅出台了调整完善农业三项补贴政策的实施意见，将农资综合补贴存量资金、种粮农民直接补贴和农作物良种补贴资金的80%用于农地的地力提升和维护，按照小麦种植面积以不低于125元/亩的标准进行补贴。另外20%的农资综合补贴存量资金、种粮大户补贴试点资金和农业"三项补贴"增量资金，将被用于支持进行粮食生产的适度规模经营，重点是支持新型经营主体如种粮大户、家庭农场、农民合作社、农业社会化服务组织等的发展。其中，对经营土地面积50亩以上200亩以下的，每亩按照60元标准进行补贴；200亩及以上的，每户限额补贴1.2万元。为了更全面了解转移支付在家庭农场收益中的重要地位，表2-1列举了几个主要项目。

表2-1　　　　　　　　山东省部分转移支付项目及政策

转移支付项目	来源
耕地地力保护补贴，补贴标准为各市按照每亩不低于125元的标准发放	《关于调整完善农业三项补贴政策的实施意见》
支持粮食适度规模经营，对种粮大户和种植粮食家庭农场进行补贴的标准：经营土地面积50亩以上200亩以下的，每亩按照60元标准进行补贴；200亩及以上的，每户限额补贴1.2万元，防止"垒大户"	

续表

转移支付项目	来源
种植业和养殖业农户自行承担20%的保费，各级政府按照东、中、西部共承担80%的保费	《山东省农业保险保险费补贴资金管理办法》
对符合条件的家庭农场给予农业用水精准补贴和节水奖励	《关于开展家庭农场培育行动的实施意见》
一般单机补贴限额5万元；挤奶机械、烘干机单机补贴限额不超过12万元；100马力以上拖拉机等补贴限额15万元；200马力以上拖拉机等补贴限额25万元；成套设施装备等单套补贴限额不超过60万元	《2021—2023年山东省农机购置补贴实施指导意见》

第二节 理论基础与应用

一 农业产业特性理论与家庭农场收益

目前，中国处于"优先发展农业农村、全面推进乡村振兴"的新发展阶段。结合现阶段农业产业特性，建设适度规模经营的现代农业经营体系势在必行。同时，中国农业产业处于提质发展阶段，农业本身具有明显的外部性、天然的生产和交易的弱质性以及信息不对称性，对家庭农场经营效率有明显影响。

（一）农业难以规避自然灾害造成的损失

《中国统计年鉴（2020）》显示，2019年山东省主要遭受洪涝地质灾害和台风、旱灾、风雹灾害及低温冷冻和雪灾，其中洪涝灾害最为严重，旱灾、风雹灾害次之且旱灾情况恶化，低温冷冻和雪灾的影响相对较小，多种自然灾害造成巨大财产损失。其中洪涝导致的受灾面积达到94.61万公顷，占农作物受灾总面积的70.57%，绝收面积达到15.99万公顷，占绝收总面积的80.47%，山东省洪涝灾害受灾面积连续三年排名全国第二位，已成为影响山东农业生产最主要的自然灾害。2019年，风雹灾害的受灾面积为11.18万公顷，绝收面积为1.87万公顷，分别占总受灾面积和总绝收面积的8.34%、9.41%，旱灾的受灾面积为28.25万公顷，绝收面积为2.01万公顷。相较于2018年三者自然灾害受灾绝收面积均有所增加，洪涝受灾面积、绝收面积分别增加了9.49万公顷、7.46万公顷，而旱灾受灾面积增长近12倍，绝收面积更是增长66倍，旱灾出现恶化趋势。此外，山东还发生了低温冷冻及雪灾等灾害，受灾面积为300公顷，影响相对较小。

（二）农业的外部性与家庭农场收益

农业是国民经济发展的基础，其健康发展对整个国家的经济发展产生积极的促进作用，当然最重要的是能带来农业及关联产业从业人员的收入增加、经济改善，为国家粮食安全提供保障。这就是典型的农业正外部性，所以理论上农业是准公共物品产业。当然，农业也具有负外部性。例如，农药及激素使用不符合标准的农产品流入市场，造成了消费者身体上和精神上的损害，可能会引发公共食品安全事件。再如，葱、姜、蒜、猪肉等关乎民生的基础农产品价格不稳定，会严重影响消费者心理预期，造成不必要囤货热潮，对国民经济和社会发展造成重大负面影响。

农业生产负外部性事件的发生具有偶发性、爆发性的特征，并且这种负外部性会因为社会和消费者的过度反应，致使农业的经营风险和价格风险成倍数放大。所以，农业的负外部性一旦发生则以燎原之势快速给整个农业行业带来较大冲击。对于个别的新型农业经营主体而言，甚至是毁灭性打击。家庭农场一般属于规模化经营、专业化运作，资本投入较高，但化解风险的手段不多。农业的负外部性更容易冲击到家庭农场，家庭农场的收益也就当然地存在"大起大落"的情况，甚至会带来农场的破产风险。

（三）农业的生物特性与家庭农场收益

农业生产的生物特性主要体现在农业生产过程和农业生产产品两个方面。农业生产过程具有典型的周期性、连续性、季节性、广延性、地域性等特征。尽管许多行业的产品生产可能带有连续性、周期性和季节性等特征，但农产品自然生长的生物特性限制导致农业生产呈现出更为显著的刚性。而且，无论农业生产技术多么先进，农产品生产的方式总要受到生物生长发育规律的制约，农产品的生产过程还是要按照农作物的生长发育节奏按部就班地进行，因而农业生产的时间性要求只能加速而不能破除。而农产品因其生物特征而具有的易腐、易损特征和用户对于农产品的鲜活等品质要求，也给农产品的生产、加工、存储、运输等带来链条式的成本压力。

农业生产的生物特征意味着自然因素对农业生产的状况产生实质性影响，导致生产成果的努力和贡献程度等相关考核激励信息在农业生产质效提升影响因素中的份额不能得到有效识别，正规化管理需要的有效决策信息的支持在家庭农场领域没有得到实质显现。加之农产品鲜活特性压力下的速度经济特点，要求家庭农场的生产经营活动必须具备良好的灵活性，农产品的生产与销售需要及时回应市场需求。对于家庭农场而言，它或许具备了小微企业的生产规模，但是它并不具备小微企业的管理架构。家庭农场内部缺乏明确的组织规则及严格的工作程序，或是组织的规章制度，这降低了家庭农场针对农业的生物特征所产生风险的应对能力。

(四) 农业的弱质性与家庭农场收益

农业产业的弱质性主要由于自然特性制约的农产品供需弹性偏低，加之农业生产的连续性、周期性和季节性使农产品生产难以根据市场需求及时进行相应的调整，因而存在供给弹性小于需求弹性的系统性风险。

家庭农场投资管理过程要根据农业生产过程的各个连续环节依次展开。农业投资活动持续存在于整个农业自然生产过程，而回报只有在农业产品产出时才能在一个相对固定的时期集中实现，使其生产过程本身具有被动性。而难以规避的农业市场弱质特性，严重影响家庭农场正规化管理需要的准确预测工作。农业应对市场的弱质性使家庭农场预测管理的难度倍增，从而直接影响到家庭农场决策信息的准确性和决策的有效性，风险决策的正规化管理和控制带来成本的增加，相应的收益必然减小。

(五) 农业产业的信息不对称性与家庭农场收益

在具有典型经验产品特征的农产品市场中，为购买少量农产品而承受高昂的信息搜集成本的行为在消费者中并不多见。生产者与消费者在农产品领域存在广泛的信息极度不对称现象，这种状况容易诱发农产品市场的机会主义行为。逆向选择和道德风险是造成市场失灵的两个主要因素，作为市场领域主要信息载体的价格在协调生产及传递信息方面会产生失真现象，导致农产品价格不能真实反映市场状况。比如中国某些柑橘、土豆主产区商品的滞销，三聚氰胺事件、苏丹红等食品安全事件，以及"姜你军""火箭蛋""蒜你狠""猪坚强"等农业产业"过山车式价格波动危机"的出现，就是典型例证。

信息不对称造成的机会主义行为使家庭农场在农业生产过程中

更加处于"被动地位",家庭农场难以根据市场信号调节自身生产行为,更多的是依据农场主基于自身经验对市场的主观预测,从而导致了农业生产投入要素不必然决定生产效益,从业具有较大的机会主义成分。信息不对称的另一个表现就是农产品的优质不优价,优质产品品牌等信号显示未起到作用的市场,优质农产品不能达到弥补其成本的价格,低质农产品供给者却通过交易获得部分额外收益。家庭农场是优质农产品的主要供给者,或者是潜在的主要供给者,但信息不对称使家庭农场投入多、见效少。另外,日益强化的市场监管使家庭农场为获取产品认证等过程的交易成本上升,侵占其规模效益所产生的收益。

二 规模经济理论与农业适度规模经营

随着经济社会的不断发展,人类社会生产工具从个体手工劳动进入机器大工业阶段,人类的劳动组织形式也从分散封闭的家庭劳动进入社会性的协作劳动。与家庭劳动相比,协作劳动的优势越来越明显。随着生产规模的扩大,资源配置效率越来越高,降低了生产成本、增加了生产收益,我们可以称之为规模经济。

(一) 农业适度规模经营

亚当·斯密在《国富论》中首先提出了规模经济理论。亚当·斯密在该书中将规模经济表述为,在一定限度内,经济收益会随着产品产量的增加所带来的单位生产成本的降低而增长。法国重农学派学者魁奈提出,土地和农业在整体经济中具有重要地位,需要对这两类要素进行重点评价。[1] 他认为,规模性农业经营者可以借助

---

[1] 吴斐丹、张草纫选译:《魁奈经济著作选集》,商务印书馆2011年版。

规模效应降低生产成本，从而提高整体收益，具有比较优势的大农户应当得到重点支持。马尔萨斯、李嘉图等学者认为，规模报酬递增是很多产业的一般属性，农业也属于这类产业，因而经营规模越大，就越具有资源、信息和市场等方面的优势。杜尔哥对资本和劳动等要素进行了专门研究，发现土地报酬与劳动投入呈现出倒"U"形的关联关系。[①] 具体来说，在农业生产过程中，就土地投入与劳动力投入的规模而言，并不是规模越大，农业生产的效益就越好。经营规模要适度，超出一定的限度，就会发生规模不经济的现象。一般认为，农业生产经营者的生产效益最优只发生在某一点或者某一规模数值范围内，达到临界点之后就会掉头向下。因此，农业规模经营不是单纯的数量意义的大农业经营，而是指土地的适度规模经营所实现的效益最优。

(二) 农业适度规模经营的经济效益

农业产业的适度规模经营有利于高效率农业机械的普及应用，克服土地细碎所导致的农业生产技术效率的降低，从而实现农业产业劳动生产率的提升、土地生产率的提高以及农业的可持续发展。其主要作用过程如下。

一是适度规模经济有利于维持较高的土地生产率。过去，在劳动力市场"二元性"的约束下，农户被二元区隔，直接接近劳动力市场的机会被限制乃至剥夺，缺乏进行技能售卖的充分市场，劳动的实现效率被大大降低了。由于土地资源具有天然的资源稀缺属性，小规模农户会通过农业生产中投入更多的劳动的方式，来追求较高的土地生产率。但是，随着工业化和市场化的深入，劳动力市

---

① [法] 杜尔哥:《关于财富的形成和分配的考察》，唐日松译，华夏出版社2007年版。

场的二元性被打破，农户可以更容易地获得就业机会，其工资率也远高于从事传统农业所获得的工资率，而土地细碎化进一步降低了农业生产的技术效率。不过，在一定的技术系数和水平下，家庭农场通过扩大土地经营规模，提升农业生产的工资率，增加农业收入，并不断提高农业从业人员和农业产业的素质，采用更加先进的生产技术，从而实现了土地生产率上升。

二是适度规模经济有利于提高劳动生产率。正如前文所言，土地是稀缺资源，农业用地特别是耕地的规模是有限的，要想获得更多的收益，就需要进行土地节约型技术的开发和应用，需要开发和利用更加先进的农业生产技术和管理方法。规模经营为农户采用先进技术提供了更多的条件和可能，有利于农业劳动生产率的提高。中国全要素生产率尤其是通过技术进步实现的生产效率的提升是地区之间农业劳动生产率增长产生差异的影响因素之一。家庭农场是先进农业技术最具亲和力的使用者，规模经营可以促使家庭农场更好地开发和使用农业技术，从而提高农业的劳动生产率。

三是适度规模经济有利于实现农业的可持续发展。农业的可持续发展是指，在有效利用资源和保护生态环境的前提下，通过产业变革和技术运用来保证农业资源的绿色利用与生态环境的持续改善，并满足人类不同代际对农业发展的顺畅承继。提高可耗竭资源的利用率和减少化工品的投入量来控制污染，是农业技术在该领域有所作为的两种重要形式，借助这些途径可以实现农业的可持续发展。但目前小规模分散经营在一定程度上还是限制了家庭农场对农业技术的应用，限制了家庭农场对大型机械设备的使用和家庭农场经营管理能力的提高，导致大多数家庭农场只能通过增加农药和化肥的投入等硬性投入方式来增加农业的产出。因此，在限度范围内进行农业的规模经营，能够更好地促进农业的技术水平提升。培育职业农场主，建设专业化家庭农场，有利于实现农业的可持续发展。

从家庭农场的发展历程来看，家庭农场的适度规模经营是在规模经济理论得到认同并被实践起来之后得到规范化开展的，规模经济理论为家庭农场的发展提供了重要的理论和思想推动力量。基于以上认识，家庭农场以土地适度规模经营为基础进行管理和运营，不仅能够促进农业机械与农业技术的推广和应用，还能实现土地的集约化利用，实现规模效益。在中国当前的农业发展状况下，家庭农场模式适应了中国农业生产力不断发展的要求，促进了现代农业发展，增加了农民的收入。

三 成本收益分析理论与家庭农场的成本—收益

（一）成本收益分析的理论溯源

成本收益分析理论是以货币单位为基础对投入与产出进行估算和衡量的理论，它的前提是追求效用的最大化。在经济活动中，之所以要进行成本收益分析，是想要以最少的投入获得最大的收益。自利性、经济性、计算性是成本收益分析的特征。这种方法的内在精神是追求效益，追求效益的过程具备强烈的自利性特点。成本效益分析是在"理性经济人"假设基础上提出的，是行为者追求自己的切身利益的一种计算工具。

成本收益分析理论与其他经济理论具有紧密的相互关系，与政府公共投资和公共事业的发展具有密切的联系。1844年，法国工程师杜普伊发表《公共工程的效用计量》，最早提出成本收益分析的思想。随后，经济学家朱乐斯·帕帕特第一次提出成本收益分析理论的概念，并称其为"社会的改良"。经济学家帕累托阐释了成本收益分析方法的概念。经济学家尼古拉斯·卡尔德和约翰·希克斯提出了卡尔德—希克斯准则，为"成本收益分析"奠定了理论基础。此后，成本收益分析理论有了较快发展，并迅速被西方发达国家应用于交通工程、水利电力设施等公共项目之中。20世纪60年代后，各国学者围绕"成本—收益"陆续展开深入研究。

(二) 家庭农场成本收益分析的特殊性

家庭农场作为农业生产的经济组织形式之一，需要利用成本收益分析理论去衡量其农业生产过程中投入与产出的关系，以便在生产过程中获得利润、创造价值，实现农业生产的自身持久循环经营。在家庭农场经营过程中应用成本收益分析理论，主要从成本及收益两个方向进行分析。

在一个生产周期内，家庭农场的总成本可以分为货币成本和非货币成本。其中，货币成本分为显性成本和隐性成本，显性成本是家庭农场在生产经营过程中直接发生的成本，是会计核算时的入账成本，包含土地租金、种子费、饲料费等，以及生产经营过程中雇用劳动力所需支付的劳务报酬等；隐性成本即机会成本，是由于经营家庭农场而放弃的从事其他工作的收入报酬。非货币成本是家庭农场生产经营过程中承受的心理成本，如农业种植劳心劳力、承受自然灾害的压力等，由于非货币成本属于主观感受，难以度量，一般忽视此部分。

家庭农场的总收益可以划分为经济收益和非经济收益，经济收益是经营所得的经济收入总量，非经济收益是家庭农场经营过程中带来的知识增加、技能提升等方面的无形收益。此外，家庭农场的生产经营还会产生额外的社会效益，如促进农业产业结构优化调整，推进农业实现现代化转型，为二三产业发展奠定坚实的物质基础。鉴于非经济收益和社会效益难以量化测度，因此一般将这两者忽略不计。

四　产权理论与家庭农场产权特征

（一）产权与产权制度的基本内涵

诺贝尔经济学奖得主科斯是现代产权理论的奠基人，他在《社会成本问题》中首次提出"合法权利的初始界定会对经济制度运行的效率产生影响"，并在文中隐含了"只要产权界区不清，交易成本不为零，市场机制就会由于外在性的存在而失灵"的概念。斯蒂格勒将科斯的上述思想概括为"科斯定理"。后来，学者们从多个不同的角度对产权定义展开阐释，菲吕博腾和配杰威齐将产权解释为"由物的存在及其使用所引起的人们之间相互认可的行为关系"，认为产权是以物的存在和使用为基础，所引致的人们之间一些被认可的行为关系。《大不列颠百科全书》将产权描述为政府所认可或规定的个人与客体之间的关系。巴泽尔认为产权产生需遵循"资产—共同财产—财产"的"公式论"逻辑，法律权利不是产权的必要条件，也不是产权的充分条件。关于产权的定义，学界虽尚未完全达成统一，但呈现出一个共性，即"产权支撑的是交易行为，形成的是人与人之间的关系，体现的是商品交易的合理预期，最终目标是实现资源配置的最优化"。产权制度是任何微观组织制度结构中最重要的制度。产权对于个人权益的详细规定决定了成本和报酬将怎样在任何组织的参与者中间分配。

（二）家庭农场产权制度的特殊性

家庭农场的产权制度是对家庭农场及农民家庭财产权的划分、

界定、保护和运行的准则规范，使农民家庭产权关系实现制度化和规则化，并决定着成本与报酬的分配规则。由于产权的权能结构不同，家庭农场的产权结构可划分为所有权制度、占有权制度、支配权制度和使用权制度。根据财产类别差异，家庭农场产业可划分为农地产权制度、劳动力产权制度、非土地财产权制度等。其中，农地产权制度是根本，它是制约家庭农场发展的关键因素。

产权具有排他性、行为规范性、可分割性、可转让性，明确而完善的产权制度是家庭农场可持续经营的核心，这是由产权的基本属性所决定的。产权的排他性与行为规范性规范了家庭农场对于土地等稀缺资源的使用，减少了家庭农场经营过程中因土地产权纠纷而产生的不确定性，是资源有效配置与收益分配的基础。产权的可分割性与可转让性是家庭农场在家庭联产承包责任制背景下的必然选择。农村土地的所有权归农村集体经济组织所有，集体成员通过承包方式获得经营权，这是产权的可分割性；家庭农场经营者从普通农户处以转包等方式获得土地的经营权，这是产权的可转让性。

中国虽然在合作化、家庭联产承包到规模流转的转型中，农地产权实现了从"权能合一"到所有权、承包权和经营权"三权分置"的细分，但在现实中中国农地承包的合约结构仍然需要完善，制度安排中存在产权权能不完整、不独立，使农地产权容易受到集体或政府的干扰，从而带来不稳定的土地投入预期、虚高的农地交易成本、土地流转不畅、农地要素市场发展缓慢等问题。

产权制度在家庭农场经营运行中的重要性决定了产权与家庭农场理论在本书中的重要性。中国现行的土地制度仍需要进一步设计与维护，一方面，目前的农村土地产权安排使土地流转存在困难，土地流转关系不够稳定，家庭农场土地经营的成本较高，对家庭农场的可持续经营构成威胁；另一方面，家庭农场需要一定的资金购买机械设备和生产资料，由于农业经营性收入普遍较低，土地成为关键的债务抵押资产，但现存的农村土地产权制约了土地的抵押权能，[①] 家庭农场的生产性融资发展不利。因此改革并完善农村土地产权制度是发展家庭农场的前提条件。

五 交易费用理论与家庭农场交易费用

（一）交易费用理论的来龙去脉

科斯发表的《企业的性质》为经济学的交易费用分析开辟出新思路。他指出，"除了考虑生产和运输成本外，使用价格机制是有代价的，市场上发生的每一笔交易的谈判和签约费用必须考虑在内，这样就可以对企业的存在、公司的形式、合同的安排等有更好的解释"。虽然科斯并未直接运用"交易费用"的概念，但显然已清晰阐明其概念内涵。根据科斯原理，预期收益高于变迁成本时，会催生出制度创新。鉴于稀缺资源配置现象普遍，经济学认为市场的不确定性引发交易活动的风险性和稀缺性，交易由此出现代价问题和配置问题，也就是经济效率问题。由于提高效率对制度创新提出要求，但从结构上看，制度创新会带来某些决策改善，同样也会引起其他决策恶化，因此制度创新不能完全确保都有帕累托效率。

"交易费用"概念提出以后，交易费用经济学不断丰富发展。学者们从不同角度对交易费用的概念展开阐释，主要观点可分为三类：一是交易费用是经济系统运转所需的代价和费用；二是交易费

[①] 2018 年年底修订的《中华人民共和国农村土地承包法》已经赋予了承包地经营权的融资担保功能，但由于缺乏系统性政策，本书成文时该功能在实践中还没有真正落实。

用是"制度成本",包含所有不直接发生于物质生产过程的成本;三是交易费用是个人通过交换经济资产所有权和确立排他性权利而产生的费用。

依据交易费用理论,市场中企业存续的根本原因在于企业内部的交易费用低于企业通过市场进行交易的费用。原因在于:第一,企业内部一个或少数几个契约可以取代市场中的一系列契约;第二,企业内部较长的契约可以代替市场中若干个较短的契约;第三,企业家可以以低于市场的价格获得一些生产要素;第四,企业内部的生产要素在获得一定报酬后会听命于企业家的指挥。

(二) 运用交易费用理论理解家庭农场经营

农业生产领域通常从平均成本下降的角度衡量农地规模经济,但普遍忽视了农地流转及规模经营所隐含的交易成本与组织成本问题。该类成本主要包含以下几个方面:一是农业用地及其立地条件决定了其地理位置的相对固定性与异质性,农地流转与集中面临较多的技术约束;二是在家庭农场培育过程中,农地产权从一个主体(农户)向另一个主体(家庭农场)转移过程中所需要消耗的资源成本,如搜寻和发现交易机会的成本、缔约谈判的成本和监督契约履行的成本。即使数字时代该类成本有所下降,但也一定程度上制约了家庭农场的农地产权交易的范围和条件;三是随着农地规模的扩张,农业生产现场处理的多样化与复杂性将超出家庭经营的能力范围,引发组织管理成本提高。

交易费用和组织管理成本共同决定了企业的边界,也即农业家庭经营的边界。因此,需要利用交易费用理论探究家庭农场经营规模的"适度"水平,探索土地、资本和技术等生产要素的合理优化组合。

六 产业组织理论与家庭经营

生产者在生产经营之前,首先需要确定以何种形式来组织生产,其次才是生产技术、产品结构、产品质量、数量等。与产品、价格、数量等其他经营决策相同,组织形式选择也是在约束条件下实现目标函数最大化或者最小化的行为过程。在约束条件不发生改变或相对稳定时,生产者会选择采用效率最高的组织方式,因为若存在效率改进的空间,生产者便可以通过改变组织方式实现帕累托改进。

(一)产业组织理论内涵与追溯

产业组织理论是以微观经济学为基础,重点分析企业的结构与行为、市场结构与组织、市场中企业之间的相互作用和影响,进而研究经济发展过程中产业内部企业之间的竞争和垄断,以及产业规模经济与效率的关系和矛盾,研究和探讨产业组织状况及其对产业内资源配置效率的影响,为维持合理的市场秩序与经济效率提供理论依据和对策途径。产业组织理论由新古典主义经济学家马歇尔在《经济学原理》中提出,他将产业组织作为除了劳动力、资本、土地之外的第四大生产要素。马歇尔将产业组织的内容分为三层:一是企业内部组织;二是同一产业之间各个企业的组织;三是不同产业之间各个企业的组织形态以及政府组织等。该理论在发展过程中主要形成了以下三种学派。

一是哈佛学派。哈佛大学的梅森和贝恩通过实证研究构建出 SCP 范式 (Structure-Conduct-Performance),即"结构—行为—绩效"模式。该学派认为,在短期内市场结构决定产业组织行为,产业组织行为决定产业组织的市场绩效。从长期来看,市场绩效反作用于市场行为,市场行为同样能反过来影响市场结构,即二者之间是相互作用、相互影响的关系。根据这种范式来对某个行业的发展情况进行分析可以知道，集中度高的行业更倾向于提高价格来获取垄断利润。这导致资源配置效率低下，妨碍技术进步与发展。因此需要借助公共政策对不合理的市场结构展开调整，限制垄断、过度竞争等市场行为，以谋求更好的市场绩效。

二是芝加哥学派。20世纪70年代，美国经济发展出现了滞涨，据此很多学者开始抨击批判哈佛学派的反垄断观点，最后形成了"芝加哥学派"，其代表人物是斯蒂格勒。芝加哥学派认为，完全竞争理论是研究产业组织问题的出发点。他们认为，只要潜在的竞争者存在，并且他们在进入市场和退出市场都是畅通无阻的，那么来自潜在竞争者的压力，导致市场上所有厂商都不可能随意操纵价格，所以他们认为哈佛学派观点与实际不符。

三是新奥地利学派。该学派认为，能够构成垄断的只有天然资源，其他任何资源即使在长期内也都不可能构成垄断；企业追求规模经济，进而使集中度上升，但这并非垄断产生的直接原因，而是由于政府对规模经济显著的相关产业的进入采取了限制措施。所以，政府应放权于市场，由市场通过自组织能力，使出现的所有经济问题最终得到解决。

(二) 农业生产与家庭农场经营组织形式

以血亲关系为基础的家庭和以契约关系为基础的企业是两种基本的生产组织形式。在工业生产领域，企业生产无论在数量还是效率方面均占据绝对优势，而农业生产组织呈现了不同的特点，家庭经营是世界农业发展的共同特点。农业生产以家庭为主要组织形式是由家庭的社会经济特性和农业的产业特点所决定的。根据现代农业组织理论，农业组织创新能够不断地完善农业产业的组织体系，继而推动市场结构的改善，从而提高了农业产业在市场中的竞争优势。家庭最佳利益共同体的特性决定了家庭经营的动力是内生性的，且创造力全部用于生产性的努力，而不用于分配性的努力。家庭成员在性别、年龄、体力、技能上的差别有利于劳动分工和劳动力及劳动时间的最佳组合。农产品是一个活的生命体，这一自身属性决定了农产品不可能像工业产品一样统一、集中生产。生产过程的整体性决定了无法衡量某一单独时期内劳动的质与量。农业生产的特点决定了其生产作业大都须由同一劳动者连续完成。

家庭生产经营是继家庭联产承包责任制后所产生的新型农业经营模式，在中国的农业发展中居于重要地位。中华人民共和国成立以来，中国在各行业的生产关系和生产方式上不断进行探索，经历了一段集体经营方式主导的时期。这一时期，集体经营方式严重限制了农业生产力的发展与进步，是造成中国农业经济长期停滞不前的主要原因。家庭联产承包责任制的伟大之处就在于打破这种僵局，调整农业生产关系，极大地调动了农民生产的积极性和主动性，让集体经营方式下的农业生产迸发出新的生机与活力。自此，家庭生产经营理论开始推动着中国农业经济稳步向前。实践是检验真理的唯一标准，家庭联产承包制下的家庭化经营经过了实践和历史的检验。多年的发展进一步表明，家庭联产承包责任制不仅对中国的改革开放产生了重大影响，而且家庭农场也是在改革的大潮中顺势而生的。所以，家庭联产承包经营、家庭农场经营，其生产经营的核心都是家庭。家庭农场得以发展，正是建立在以家庭为中心的生产经营方式的全国范围的推广基础上。另外，家庭生产经营方式具有广泛的包容性，在生产关系上呈现中性，在生产规模上也具有发展的可能。这些特点和性质，使家庭农场具有更多的发展空间和表现形式。

第三节 本章小结

家庭成员是家庭农场的主要劳动力，其基本经营单元是家庭，其主要经营方式是农业规模化、标准化和集约化。家庭农场基本保留了农户家庭经营的内核，并坚持了其基础性地位，是引领农业适度规模经营、发展现代农业的新生力量。

家庭农场收益以会计中权责发生制原则为基础进行核算，其计算方法主要为经济收入减去经济成本。其中，经济成本包括生产成本（生产资料、服务费用、人工成本）、土地成本，经济收入包括销售收入、转移支付收入。家庭农场的经营意愿、成本收益、组织规模不仅受到政策环境、经济形势、气候变化等不可控的外生性因素影响，更强烈地依赖于农场主及其家庭的自身特性与投入特性等影响因素。

通过研究家庭农场发展的相关理论发现：（1）中国农业产业处于提质发展阶段，其天然的生产、交易的弱质性、信息不对称性和显著的外部性特征，对家庭农场经营影响很大。（2）以适度规模的经营为基础，不仅能够促进家庭农场农业机械的发展进程，而且对农业技术的推广和应用起到了促进作用，还能实现土地集约化利用和规模效益，适应中国农业生产力不断发展的要求，促进现代农业发展和农民增收。（3）家庭农场成本收益分析具有特殊性。家庭农场作为农业生产的经济组织形式之一，货币成本和非货币成本是家庭农场在一个生产周期内的总成本，它包括显性成本以及隐性成本这两个部分。其中，显性成本是土地租金，以及饲料和种子费等，还包括家庭农场在生产过程中雇用劳动所支付的劳动报酬等；隐性成本就是我们常说的机会成本，它是经营家庭农场因种种原因无法继续从事其他工作被迫放弃的有关收入。家庭农场的总收益包括经济收益和非经济收益两部分，发展家庭农场的过程中还会产生一定的社会效益，社会效益以及其他非经济收益量化困难，因此在现实中一般将其忽略不计。(4)虽然农地产权实现了从"权能合一"到所有权、承包权和经营权"三权分置"的细分，但在现实中中国农地承包的合约结构仍然需要完善，制度安排中存在产权权能不完整、不独立，导致虚高的农地交易成本、土地流转不畅、农地要素市场发展缓慢等问题。目前的农村土地产权却限制了土地的抵押权能，不利于家庭农场的生产性融资。(5)农业生产领域通常从平均成本下降的角度衡量农地规模经济，但普遍忽视了农地流转及规模经营所隐含的交易成本与组织成本问题。交易费用和组织管理成本共同决定了农业家庭经营的边界。因此，需要利用交易费用理论探究家庭农场经营规模的"适度"水平，探究土地、资本、技术等要素的优化组合。(6)以血亲关系为基础的家庭和以契约关系为基础的企业是两种基本的生产组织形式。农业生产以家庭为主要组织形式是由家庭的社会经济特性和农业的产业特点所决定的，家庭最佳利益共同体的特性决定了家庭经营的动力是偏内生性的，且创造力全部用于生产性的努力，而不用于分配性的努力；家庭成员在性别、年龄、体力、技能上的差别有利于劳动分工和劳动力及劳动时间的最佳组合。

第三章

中国家庭农场发展历史与政策分析

第一节 中国家庭农场发展的历史脉络

一 中国家庭农场的历史追溯

"家庭农场"是由"家庭+农场"的形式一步步演变而来,在原有家庭经营的基础上,建立起农场的经营模式。因此,要研究家庭农场的历史脉络就要就从农场和家庭两方面入手,追溯其历史发展,理顺其历史脉络。

(一) 家庭经营的产生

家庭经营的农业生产方式是指以农民和农民家庭为基本单位,在农业生产和经营过程中独立或相对独立进行的生产方式。这样的生产经营方式最显著的特点就是弹性很大,它可以与不同历史时期、不同的所有制以及不同生产力水平相适应。因此,家庭经营在农业生产经营历史的一个很长的阶段中占据主要地位。

追溯其历史不难发现,农业家庭经营与历史上长期存在的小农经济息息相关。小农经济在中国已经有几千年的历史，早在原始社会就已经出现，奴隶社会广泛存在，封建社会成为主要经济形式。随着社会制度的变化，小农经济已经不能适应新时代的发展要求，新的经营模式在小农经济的基础上，在新的社会制度下随之产生。经过长期的发展，逐步演变为今天的家庭经营方式。

在原始社会，生产力异常低下，人以打猎、渔猎、采集作为生存手段，新石器后，原始的广义农业（种、养）开始逐渐出现，致使家庭成为共同体，一个生活的基本单位，一个生产的原始单位。以家庭为农业生产单位的模式自此出现，以家庭为单位进行生产资料占有，内部成员共同生产劳动，共同生活消费。随着社会的进步与发展，原始手工业逐渐出现并从农业中分离出来，成为独立的生产部门，实现了一次大分工，进一步提高了劳动生产率，进而出现了劳动剩余，交换逐渐登上历史舞台，私有制开始出现。家庭农业的模式开始了从简单到复杂的演变，由自给自足到交换买卖，家庭经营开始出现，小家庭经营活动也逐渐增多。

在奴隶社会里，家庭经营方式就是以奴隶主为主体的组织单位进行生产经营，奴隶主支配其他家庭成员及雇用的奴隶劳动来进行农业生产。奴隶主奴役奴隶进行生产劳动成为社会普遍现象。随着社会生产力提高、奴隶反抗意识增强，奴隶制向封建社会过渡，封建生产关系产生，奴隶社会中的家庭经营方式也因此发生变化。

进入封建社会以后，与现代相似的家庭才真正出现，以个体家庭为单位的生产经营开始占据主导地位，并在社会范围内得到普及。此时的农业家庭经营是自给自足的，农民通过自主的生产劳作，获得生活资料，他们需要首先向地主纳租，剩余的部分才可以用于个人家庭的生活消费。生产劳动者拥有了自己的家庭生产经营权,但其经营权十分有限。在封建阶级的统治下,农民成为生产资料所有人,但依旧受到封建地主阶级盘剥,生产劳动者家庭经营权十分有限。

社会主义制度出现后,集体农庄在农村大量出现,成为农民生产生活的基本单位,想要通过农业的合作化、集体化、国有化的突进来代替家庭经营,实现集体主义经营模式。经过大量的尝试,该集体经营模式导致农业生产效率萎靡不振,农民极度缺乏生产积极性,农业产量呈断崖式下降。农业作为国家第一生产部门面临严峻危机,农业的生产与发展、农产品的供给难以满足日益增长的社会需要。因此,开始了农业改革的不断尝试,以寻求农业发展的新出路。

中华人民共和国成立后的农业经营,先后经过了三次演变,四个不同阶段,最终形成家庭经营基础上的多元经营模式。家庭经营方式在不同阶段中都以不同的形式存在,适应社会发展的需要。四个阶段分别为:一是"家庭经营基础上的合作经营",二是"集体所有制下的集体经营",三是"家庭经营基础上的双层经营",四是"家庭经营基础上的多元经营"。

中华人民共和国成立之初,为了稳定和巩固政权,恢复国民经济,提高农业生产效率,1950年颁布《中华人民共和国土地改革法》,使土地产权向农民倾斜。此后,中国开始发展农业合作化,促进合作经营,形成高级合作社。1956年"三大改造"完成,农业经营方式出现了本质上的改变,开始以集体经营为主导,大力发展人民公社。人民公社时期,土地呈现出集体所有、集体经营"两权合一"形式。党的十一届三中全会确立了家庭联产承包责任制的农业生产形式,提升了农业劳动生产率,农产品供给转变为阶段性过剩。也正是在这个阶段，家庭农场才真正开始迅速发展。

（二）农场与家庭农场

传统意义上的农场，一般是指以动物、植物或微生物为劳动对象，以农地为基本生产资料，以人工培育或饲养等为手段，旨在获得人们所需要的农业消费品的农业生产运营组织。到了现代，随着农业产业链条一体化发展、农业科技深度应用，农场的概念范围更加宽泛。凡是与农业相关的环节，如产前、产中、产后等各个环节中，涉及农业产品生产、农业休闲、观光服务的生产经营组织都被称为农场。在经营上也呈现出多元化，经营者可以是个人、家庭，也可以是企业、社区团体，同时也可以由以上经营主体组合或者联合，以多种合作方式形成合作社和联合体。随着经济社会和农业生产的不断发展，农场的含义不断完善和丰富。也正是在农场发散式的发展过程中，家庭农场才得以出现并且呈现出多种形式。

小家庭经营方式能激发农民生产积极性，提高农业生产效率，多元发展新业态，如产业融合、电商销售、休闲观光、农场体验等新业态。同时，家庭经营方式本身也存在一定缺陷。一是规模较小、收入低、局限性大。二是农业风险大。目前，农业风险防范体系正在逐步完善，已经出现了农业保险、农产品期货、农产品价格保护等多种的风险防范工具和手段，很大程度上降低了农业风险，为家庭经营方式的发展保驾护航。三是组织零散，缺乏科学管理。家庭经营方式在很长一段时间内，都是以自给自足的目的而经营，自然对组织管理没有很高的需求，这也是目前新型农业经营主体建设中十分关键的原因。

追溯中国农场到家庭农场的起源，可以到遥远的古代。中国是世界上最早种植水稻和粟的国家，在七八千年以前，中国早期农业已形成了以水稻为代表的南方水田农业和以粟为代表的北方旱作农业两大系统，以及与手工业、家畜饲养业相结合的南稻北粟格局。"农场"这种组织形式，在这漫漫历史长河中出现且长期存在并一直不断地演变和发展。到中华人民共和国成立后，农场才开始随着农业经营方式和土地制度的变化一步步演变，最终形成了具有中国特色的家庭农场。

二 中华人民共和国成立后中国家庭农场发展的脉络分析

中华人民共和国成立初期，农场的农业生产模式就已经形成，经过不断的演变，逐步适应中国的国情，形成了具有中国特色的发展脉络——从"国营农场""职工家庭农场"到"家庭农场"初步出现，再到经营规模的不断扩大形成"规模经营主体"的家庭农场，终成今日之"新型农业经营主体"的家庭农场。在不同的发展阶段，各类家庭农场的发展特点、发展速度、发展模式、发展方向各不相同。以家庭农场的演变进程为时间轴，将中华人民共和国成立后的家庭农场发展历史脉络大体分为四个阶段。

（一）第一阶段：国营农场、职工家庭农场发展阶段（1950—1983年）

国营农场、职工家庭农场是家庭农场之前身。1950年伊始，国营农场内逐步形成独立经营体系，职工家庭通过与国营农场签订经济合同来承包生产资料，在受到国营农场的管控下，进行有限程度的自营。当时中国的国营农场，大都仿照苏联模式建立，国营农场实行集中统一经营、统负盈亏。这种模式在长期的生产经营过程中，不仅降低了职工的积极性，而且生产效率严重下降，使国营农场的经营陷入僵局。面对这样的困境，为了尽快提高生产率，国家决心对国营农场经营体制进行改革,通过实行多种形式的联产承包责任制,努力提高职工的生产积极性,这也是中国对于生产经营方式的大胆尝试。"大包干"的方式首先从国营农场开始,然后逐渐扩大其范围。1983年,全国农垦工作会议提出,农场与各专业户之间通过经济合同联系起来,农场成为专业户的经济纽带。国营农场开始尝试的"大农场套小农场"的形式被确定下来,这种形式的实施极大地激发了职工的生产积极性。

(二) 第二阶段:家庭农场出现的初期发展(1984—2007年)

从1984年起,"家庭农场"作为一种专门的经营形式开始出现,国家在政策文件中第一次提到了家庭农场一词,但是并未对其进行定义,只是简单对当时农村已经大量出现的家庭式的生产经营方式表示认可,允许其以家庭农场的模式继续发展(见表3-1)。

表3-1　　　　　　　　　家庭农场与职工家庭农场比较

指标	职工家庭农场	家庭农场
土地形成	国营农场(国有土地)	租赁为主,自有土地为辅
生产规模	规模较大	规模适度
产品属性	商品交易为主	商品交易为主
组织主体	职工家庭	农户家庭
经营领域	粮食、橡胶生产为主	种植业为主
风险负担	自负盈亏	自负盈亏

当时概念层面的家庭农场,本质是国营农场试行联产承包制的变种形式,事实上,农村已经出现承包大户,家庭农场被看作嵌入大农场的微型农场,开始了简单家庭农场运营。后来,随着联产承包制度的不断尝试和进一步发展,其要求但不限于自愿互利原则和商品经济,最终目标是向完善的农村合作制发展,以确定农户家庭

经营形式且长期不变。这一阶段，可以说是在家庭联产承包责任制的尝试下，家庭农场应运而生，以"大农场"中的"小农场"形式发展。这是一次大胆的尝试，并且取得了巨大的成功。一直到2008年，家庭农场一直处于不断探索、尝试和发展的进程中。

（三）第三阶段：规模经营主体发展阶段（2008—2012年）

土地承包经营权的流转是党的十七届三中全会的一项议题，全会确定建立流转市场。有条件的地方可以发展多种类型主体。流转土地承包经营权成为家庭农场发展的一个契机，家庭农场规模扩大成为可能。这样就解决了在家庭农场早期发展过程中遇到的最大难题，家庭式的小农经济模式开始逐渐转变为适度的规模扩张，并成为规模经营主体。这也是中国农业生产历史上非常重要的节点。

2009年国家加大对农补贴力度，第一次提出对家庭农场的农业补贴。根据新增农业补贴的实际情况，国家加大对专业大户、家庭农场种粮补贴力度，大力支持规模经营主体的发展。

2010—2012年，为了规范规模经营主体的建立和发展，国家通过科技手段进一步提升家庭经营的规模和水平。同时，国家培育和支持了一批新型农业社会化服务组织的发展，为规模经营主体提供专业的农业社会化服务。

（四）第四阶段：新型农业经营主体发展阶段（2013年至今）

家庭农场发展过程中的一个重要时间节点就是2013年。2013年的中央一号文件《中共中央 国务院关于加快发展现代农业 进一步增强农村发展活力的若干意见》中明确提出，要采用多种形式和方法扶持家庭农场发展，利用好各类培训资源，提高家庭农场主的生产技能、经营管理水平。切实为家庭农场的发展创造良好的政策和法律环境，大力补贴、扶持家庭农场发展。

2013年至今这一阶段家庭农场发展迅猛，发展速度之快前所未有，数量更是逐年剧增。家庭农场作为典型新型农业经营主体发挥独特作用，成为推动农业农村发展的主力。2014年，国家构建新型农业经营体系并进行家庭农场登记。这是家庭农场规范组织结构、加强管理的开始。截至2014年6月，全国家庭农场有87万多家，农民专业合作社有140万家，农业产业化龙头企业有12万家。[①] 到2015年，国家已经实现对家庭农场数量及分布的基本把控。截至2018年年底，全国农民专业合作社注册数量为217万个，家庭农场600000个。[②] 在登记中，家庭农场经营总面积为1.65亿亩，其中租赁的耕地有1.18亿亩。根据统计情况来看，场均劳动力有6.6个人，人员雇用比达28.79%。在家庭农场经营的产业类型中，种植业占62.70%，畜牧养殖业占17.80%，渔业和种养结合的家庭农场占总数量的16.90%；全国60万家庭农场销售农产品的总值接近2000亿元，平均每个家庭农场的农产品销售产值为30万元。[③]

2020年的全国家庭农场工作座谈会中提到，"十三五"时期，家庭农场工作取得突破，政策体系、名录制度逐步健全，支持服务等得到优化。2015—2019年，家庭农场经营土地面积每年以3.6倍递增。同时，会议要求家庭农场"十四五"时期要准确把握培育家庭农场的出发点和落脚点；要努力指导、支持和引导家庭农场的健康发展，将普惠性政策和差异化措施有机结合起来。

---

① 《农业生产稳定增长　综合能力显著提高——十八大以来农业生产发展状况》，2016年3月4日，国家统计局网站，https://www.stats.gov.cn/sj/sjjd/202302/t20230202_1896990.html。

② 《农业生产跃上新台阶　现代农业擘画新蓝图——新中国成立70周年经济社会发展成就系列报告之十二》，2019年8月5日，中国政府网，http://www.gov.cn/xinwen/2019-08/05/content_5418684.htm。

③ 解文芳：《我国家庭农场发展现状及对策》，《乡村科技》2020年第36期。

第二节 家庭农场发展的相关政策分析

一 围绕家庭农场发展的相关政策文件表述

"家庭农场"在1983年前尚未出现,直到《关于兴办职工家庭农场的若干意见》提出兴办职工农场,家庭农场开始登上历史舞台。

1984年的中央一号文件《关于1984年农村工作的通知》中正式出现"家庭农场"。这次政策是在继续稳定和完善联产承包责任制基础上,实现"职工家庭农场"向真正的"家庭农场"过渡。政策中对"家庭农场"功能的定位是帮助农民在家庭经营的基础上扩大生产规模,提高经济效益。同时,要求国营农场继续改革,实行联产承包责任制,办好家庭农场。自此,家庭农场作为独立概念正式走上历史舞台。并且,相关文件阐释了职工家庭农场和家庭农场的区别。

2008年,党的十七届三中全会的有关决议将家庭农场与专业大户、农民专业合作社都称作规模经营主体。2009—2012年的中央一号文件分别对家庭农场的发展作出了指示,先后加大对家庭农场的种粮补贴力度,着力推动家庭农场的组织化,培育和支持新型农业社会化服务组织为家庭农场、专业大户、农民专业合作社三类规模经营主体提供专业服务。

在2013年的中央一号文件《中共中央 国务院关于加快发展现代农业 进一步增强农村发展活力的若干意见》中,"家庭农场"被作为新型农业经营主体提出来,引起了社会广泛的关注。文件首次明确指出，创造良好的政策和法律环境，鼓励和支持承包土地向家庭农场等主体流转，为中国家庭农场发展壮大提供政策支持。家庭农场作为新型农业经营主体之一得到了迅猛发展。

2014年，充分认识到促进家庭农场发展的重要意义，《农业部关于促进家庭农场发展的指导意见》提出了应充分把握家庭农场基本特征、进一步明确工作指导要求、积极引导家庭农场加强联合与合作以及加强组织领导等。

2016年，农业部首次发布中国家庭农场发展年度报告，《中国家庭农场发展报告（2015年）》由农业部和中国社会科学院共同编写。这是农业部首次以年度报告的形式发布中国家庭农场的发展情况。

2019年，多部门联合发布《关于实施家庭农场培育计划的指导意见》，为加快培育发展家庭农场，在规模、生产、管理以及效益四个方面提供指导。文件还要求，支持家庭农场努力建立健全体制机制，以提升家庭农场生产经营及带动能力。

2013年至今，几乎每年的中央一号文件都对家庭农场的发展做出了明确的规定，此处不再赘述。

二　围绕家庭农场发展的相关政策的主要着力点

通过整理1983—2021年中央有关家庭农场的政策文件，可以看出，政策作为国家政府指导工作最为直接的方式，为家庭农场的发展指明了方向，对家庭农场的发展起着至关重要的作用。中国家庭农场发展历程漫长，在其发展过程中的每一步都有政策的引导和助力，每个阶段关于家庭农场的政策文件数量就能够反映家庭农场发展的情况和国家对于其发展的重视程度。

自 2008 年开始，国家关于家庭农场相关政策的数量显著增加。从 2008 年提出将家庭农场作为规模经营主体进行重点培育开始，2009 年、2010 年、2012 年分别对家庭农场种粮补贴力度、科技和生产手段、生产经营方式、农业社会化服务、专业培训等方面的发展作出了明确指导。2013 年是家庭发展历程中的一个重要节点，家庭农场作为经营农业的新型主体，向着产业延伸、产业融合方向发展；创新家庭农场经营方式，实现多元发展；颁布财政、金融、税收等多项政策，促进家庭农场发展，推进现代农业经营体系建设。由此可见，家庭农场的每一步进程都离不开国家政策，政策一方面为家庭农场的发展指引方向，另一方面作为最为直接的动力推动其不断壮大。理顺政策文件对于家庭农场的发展研究具有十分重要的意义。

（一）土地政策与家庭农场的发展

土地是农业生产中最关键要素之一，对农业生产具有十分重要的影响。农业土地政策，正是国家对土地这一农业生产要素最为直接的指导。长久以来，土地政策的变动直接影响了农业生产方式和农业产量。家庭农场的发展离不开政策的支持和推动，政策可以看作家庭农场得以发展的基石。没有正确且有效的土地政策，家庭农场的产生和发展就不会成为可能。纵观家庭农场的历史，各项土地政策中最为核心的内容主要集中在以下三个方面。

一是土地承包经营政策。中国改革开放初始就进行了以家庭承包经营为核心的农业土地政策变革，在改变土地和农户之间关系的基础上，赋予农民生产自主权。从此，家庭农场最初形态基本形成。1993 年，中共中央发布文件稳定土地承包经营关系，提倡在承包经营期内实行"'增人不增地''减人不减地'的办法"，为家庭农场长期经营创造了可能。

二是土地流转政策。在中华人民共和国成立的很长一段时间内，甚至改革开放后的一段时间内，土地流转都被严格禁止。1982年的中央一号文件《全国农村工作会议纪要 一九八二年一月一日中共中央批转》在肯定包产到户、包干到户的做法同时，还对社员承包土地的买卖、出租和转让方面进行了限制。1984年的中央一号文件《关于一九八四年农村工作的通知》颁布后，国家才开始逐步放开并且鼓励土地流转。1988年《中华人民共和国土地管理法》对土地流转进行修改，规定"国有土地和集体所有的土地的使用权可以依法转让"。承包经营权是在土地所有权和经营权分裂后产生的特殊权利，土地承包采取农村集体经济组织内部的家庭承包方式，家庭承包后土地的承包经营权可以依法以合理的形式进行流转。2013年正式提出鼓励承包经营权在公开市场上向家庭农场等多种主体流转，进行规模经营。正由于土地流转政策实施，承包经营权得以放活，家庭农场开始进一步从"小农场"向规模经营方向发展。

三是耕地保护政策。中国耕地存在人均量低、优质后备资源少的基本国情，所以耕地保护政策作为中国的一项基本国策十分重要。目前中国主要通过土地用途管制、耕地占补平衡、基本农田保护等一系列措施对耕地进行保护。家庭农场因其生产经营需要，耕地是大多数种植类家庭农场的重要生产要素。这一政策的颁布，使耕地保护政策与家庭农场的发展相辅相成。一方面，耕地保护政策为家庭农场稳定住最重要的生产要素；另一方面，家庭农场的壮大和发展，能够为耕地保护政策的落实提供现实支撑方式。

土地承包经营政策、土地流转政策、耕地保护政策等一系列土地政策的实施与颁布,无疑对家庭农场的发展起到了十分重要的推动作用。随着土地政策的不断完善与发展,家庭农场正在一步步壮大,适时合理的土地政策推动,使家庭农场能够顺应潮流,抓住机遇,发展至今。

(二) 税收政策与家庭农场的发展

税收政策是保障家庭农场生产经营、促进家庭农场发展的重要影响机制之一。对于家庭农场的税收优惠政策,最直接的影响是从根源处降低了生产资料的价格,生产成本明显降低。税收政策直接作用于家庭财务情况,能够起到优化其财务结构的作用。因税收政策而降低的生产成本,将会合理地安排到家庭农场规模经营、农业机械采购、农业技术引进等重要环节中。这在很大程度上推动家庭农场的高质量发展。

2006年以前,农业税收一直作为国家财税收入的重要组成部分,1952年农业税收占财税收入的15.80%,这个数字可以反映出当时农民的税收负担之重。到1970年占比降低到了4.80%,农民负担出现了较大改观,1990年占比一度降低到3.00%,但后来进入21世纪以来,出现了一定程度的反弹,2003年时占比达到4.00%。

1995—2000年,中国农民税费负担基本情况如表3-2所示,此阶段税费占收入的比重呈现出逐渐下降的趋势,但是农业税收总额和农民人均税费负担依旧很高。家庭农场就是建立在家庭经营基础上的生产方式,家庭成员的农业税费负担过重,无疑使家庭农场的发展受到影响。这些数据在很大程度上表明,当时家庭农场的发展受到农业税收的很大阻碍。

表 3 - 2　　　　1995—2000 年中国农民税费负担的基本情况

	税费总额 (亿元)	农业税收 (亿元)	农民人均税费 (元)	税费占收入比重 (%)
1995 年	115.50	27.80	134.30	11.00
1996 年	124.80	36.90	144.40	9.20
1997 年	137.90	39.70	159.20	8.30
1998 年	139.90	39.90	161.00	7.70
1999 年	136.30	42.40	156.60	7.20
2000 年	135.90	46.50	168.40	7.60

资料来源：陈锡文主编：《中国农村公共财政制度》，中国发展出版社 2005 年版。

一直以来国家都致力于为农民减税减负，这是一个不断尝试且长期努力的过程，直到 2006 年全面取消农业税，在中国存续千年的农业税退出历史舞台。从 2006 年全面取消农业税，国内的税收政策为家庭农场的发展提供了良好的环境，最大程度上降低了其生产成本。在经营方面，各类支农、惠农税收政策相继出台，如涉农所得税、农产品销售税的各项减免政策为家庭农场经营发展中各个环节提供了强有力的保障。

(三) 金融政策与家庭农场的发展

金融政策支持是指国家各级金融机构及监管部门为促进家庭农场发展，在各自职责范围内，有针对性地开展工作、出台专门政策和措施，为家庭农场的发展提供良好的金融环境。家庭农场自成立到不断壮大的发展历程中，每个环节都离不开金融政策的支持，离不开金融机构的帮助。家庭农场是农业生产主体，金融政策支持家庭农场的发展，其具体内涵就是通过政策指导，金融机构为家庭农场提供相关支持，解决其融资、风险承担、生产发展、规模经营等方面的资金难题，进而扩大家庭农场经营规模，提升其生产效率，提高家庭农场收入水平，最终实现促进家庭农场发展的目标。

近年来，国家对家庭农场的金融政策主要是从贷款补贴、税收减免、农业金融服务、农业保险保障等方面支持其发展。符合条件的家庭农场可按规定享受贷款税收减免、农户及家庭农场小额贷款税收优惠、政府贷款贴息、扩大贷款抵押物范围等一系列优惠政策，以增强家庭农场贷款的可得性，支持家庭农场进入金融市场。鼓励各类商业银行发行"三农"专项金融债券、细化办理金融业务的便利条件、提供外汇结算，促进家庭农场金融市场的发展。加强农业风险服务，提供多种类农业保险保障，有效满足了家庭农场的风险保障需求。随着家庭农场的发展与演变，与时俱进地快速建立符合家庭农场金融需求的金融政策体系，已经成为目前金融政策的目标。随着家庭农场的发展与演变，国家对家庭农场的金融政策支持越来越具体可行，实施的金融政策在家庭农场的发展中发挥着重要作用。

（四）财政补贴政策与家庭农场的发展

农业是国家第一生产部门，农业生产更是在生产中占据第一要位，国家常年对农业生产提供大量财政支持。研究发现，家庭农场自出现就依托于国家财政政策。2013年，国家财政政策开始聚焦家庭农场等适度规模经营农业的新主体及村级集体经济组织，对家庭农场的生产保障、土地流转、规模经营、技术支持、科学管理、产业发展等多方面进行大力财政支持。

农业补贴向家庭农场倾斜。针对家庭农场的直补、贷款贴息补贴、良种补贴、农机补贴、农资补贴等财政补贴直接对口家庭农场生产环节，最大限度地保障家庭农场的生产。推动家庭农场由家庭经营向采用先进科技和生产手段的方向转变，大力支持农技推广。

引导农民选购先进适用的农业机械，推广应用农业机械化技术，促进农业机械化水平不断提高。利用好各类培训资源，提高家庭农场主的生产技能、经营管理水平，推进现代农业经营体系建设。财政政策支持家庭农场逐步延伸产业，实现产业链条式发展，为家庭农场提供差异化农业保险品种，最大限度降低家庭农场经营风险。

第三节　本章小结

以农民家庭为单位独立或相对独立从事农业生产经营活动的灵活性极高。家庭农场作为这种经营方式的典型代表，可以在所有制、社会制度、生产力水平均不同的社会条件下得到发展。

中国的农业经营制度共有四个阶段：一是家庭经营基础上的合作经营阶段，二是集体所有制下的集体经营阶段，三是家庭经营基础上的双层经营阶段，四是家庭经营基础上的多元经营阶段。

家庭农场发展过程中的一个重要时间节点就是2013年。2013年的中央一号文件《中共中央　国务院关于加快发展现代农业　进一步增强农村发展活力的若干意见》中明确提出要采用多种形式和方法扶持家庭农场发展，利用好各类培训资源，提高家庭农场主的生产技能、经营管理水平。切实为家庭农场的发展创造良好政策和法律环境，大力补贴、扶持家庭农场发展。

2013年至今，家庭农场发展迅猛，家庭农场的数量呈指数级递增，家庭农场这种新型农业经营主体开始发挥其独特的作用，助力农业农村发展。

1984年的中央一号文件《中共中央关于一九八四年农村工作

的通知》中第一次完整出现了"家庭农场"一词。2013年的中央一号文件《中共中央 国务院关于加快发展现代农业 进一步增强农村发展活力的若干意见》中"家庭农场"作为新型农业经营主体被提出来，引起了社会广泛关注。2016年，农业部首次发布中国家庭农场发展年度报告，由农业部和中国社会科学院共同编写的《中国家庭农场发展报告（2015年）》正式发行。2019年，《关于实施家庭农场培育计划的指导意见》发布。

通过整理1983—2021年中央有关家庭农场的政策文件可以发现，现有政策文件的发力点是，指导开展家庭农场登记并完善家庭农场体系；助力家庭农场农产品深加工，实现产业延伸、产业融合；创新家庭农场经营方式，实现多元发展；颁布财政、金融、税收等多项政策，促进家庭农场发展，推进现代农业经营体系建设。家庭农场的发展离不开政策的推动，政策作为国家政府指导工作最为直接的方式，为家庭农场的发展指引方向，对于家庭农场的发展起着至关重要的作用。

第四章

省级示范家庭农场收益影响因素的经验认知与理论分析

家庭农场收益的影响因素众多且复杂，根据可控程度可以分为外生性因素和影响因素两大类，主要表现为：外生性因素对家庭农场收益影响具有不确定性，如自然灾害、意外事故、政策变动、国际贸易等；影响因素对家庭农场收益的影响具有相对稳定性和可预测性，如物质投入成本、家庭农场主特征、家庭农场基础设施条件、家庭农场融资能力等。基于上述认识，本书试图就家庭农场收益的影响因素给出科学解释。

第一节 成本类影响因素分析

从可核算的成本要素角度分析，影响家庭农场收益的成本类影响因素包括土地要素成本、农业劳动力要素成本、农业机械要素投入成本、农业设施要素投入成本。

一 土地要素成本对家庭农场收益的影响

土地租金成本或机会成本是农业经营中最主要的成本类型。传统农户以自留地为主要土地要素投入，衡量土地成本主要为机会成本，地租对农户实际收益影响小。但家庭农场生产经营的土地往往需要从周边的农户或村集体手中租赁，因此土地要素投入成本是影响家庭农场收益的重要因素。土地租金是家庭农场主与土地出租户在对某一时期客观环境（包括土地质量、市场环境、政策情况等）进行综合评价的基础上进行交易谈判的结果。在资本总量既定条件下，家庭农场主支付土地租金与其能够集中的土地规模呈负向关系，同时也会和基础设施投入、农用机械投入呈负向关系。图4-1为2018—2020年山东省省级示范家庭农场土地要素成本变化情况。

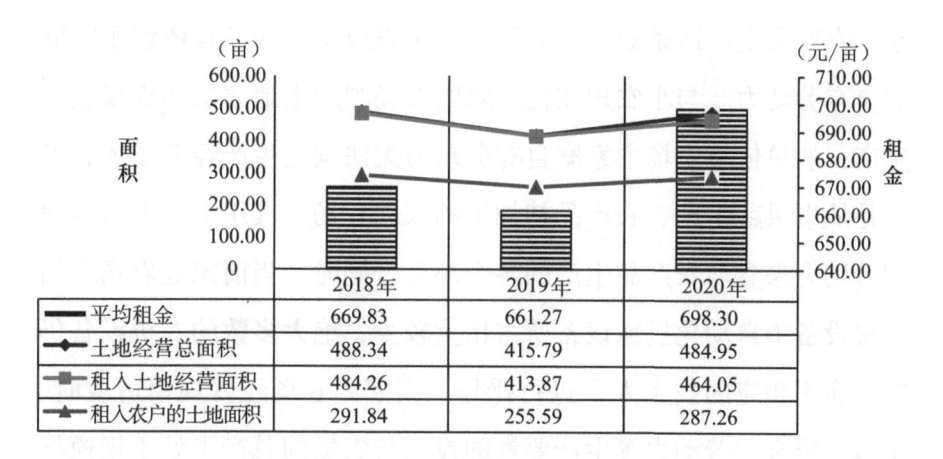

	2018年	2019年	2020年
平均租金	669.83	661.27	698.30
土地经营总面积	488.34	415.79	484.95
租入土地经营面积	484.26	413.87	464.05
租入农户的土地面积	291.84	255.59	287.26

图4-1 2018—2020年山东省省级示范家庭农场土地要素成本变化

资料来源：山东省"三农"省情调研中心2018—2020年省级示范农场调研数据。

从图 4-1 中可以看出，山东省省级示范家庭农场的土地要素成本变化不大。无论是土地经营面积、租入土地经营面积还是租入农户的土地面积，在 2018—2020 年的变化都不大，仅仅在 2019 年有略微的下降，而土地平均租金的变化极小。对于这种变化，我们倾向于认为是调研的误差导致。对于土地的平均租金来说，t 检验的结果也认为 2019 年家庭农场的平均值与非 2019 年的平均值没有显著性差异（p = 0.22 > 0.05）。如果土地政策没有较大变化，地租价格一般也不会发生太大幅度的变动，所以短期来看山东省家庭农场的土地要素成本趋于稳定。[1]

二 劳动力要素成本对家庭农场收益的影响

劳动力要素投入能够提高家庭农场的生产经营效率，有助于扩大经营规模、延伸农产品生产加工链条，从而提高农产品的单位价值，增加农场的收益。在传统的小农生产方式中，生产经营规模小、农产品生产链条短，主要原因在于农业生产和经营依赖于家庭的自有劳动力。与小农户相比，家庭农场利用土地集聚实现规模化生产，故单依靠农场主家庭自有劳动力无法满足生产经营需要，尤其是从事果蔬生产、农产品初加工的家庭农场，其用工量更需要雇用劳动力来参与农产品生产的各个环节。同时，当前家庭农场农用机械设备中自动化机械设备所占比重较少，绝大多数的农机设备仍需要雇用相应的技术人员进行操作。当家庭农场经营规模适度时，土地、资金、劳动力等生产要素的投入与农场的总产出处于规模报

---

[1] 2018 年开始，全省的土地租金开始大幅降低。起初全省流转租金平均在 1000 元/亩以上，2015 年以后租金陆续降低。青岛平度市最初的土地租金高达 1500 元/亩，2018 年租金已经降到平均 800 元/亩左右。

酬递增阶段。单位劳动力投入量的增加，一方面可以提高产量，促进农场经济效益的提高；另一方面，较高专业技术素质劳动力的投入，在一定程度上能够提升农场的现代化水平，提高生产经营效率。并且，从企业生产管理的角度分析，家庭农场雇用专业的管理人员来参与农场的生产管理，建立完善的农场管理制度、财务会计制度、生产经营章程，进而实现生产经营的规范化、生产成本的合理化，也符合生产规律（见图4-2）。

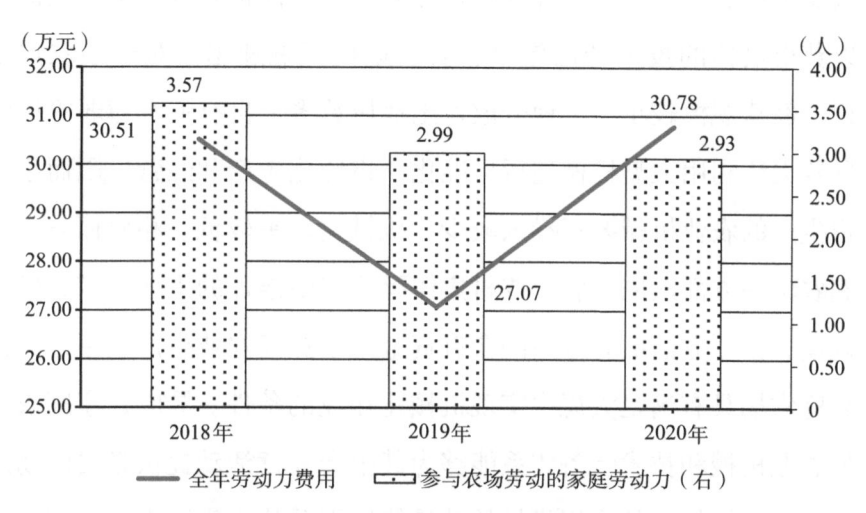

图4-2 2018—2020年劳动力要素成本变化

资料来源：山东省"三农"省情调研中心2018—2020年省级示范农场调研数据。

与土地要素成本情况不同，山东省省级示范家庭农场劳动力要素成本出现了较大的变化，亩均劳动力费用从2018年的0.09元/亩上升到2020年的0.10元/每亩，上升幅度达到11.11%。虽然全年劳动力费用和参与农场劳动的家庭劳动力几乎没有变化，但是在前文关于土地的分析中可以看到，2019年家庭农场的经营规模略有缩小，所以平均下来的劳动力成本还是呈现上升趋势。这也与整个社会用工成本上升的大趋势相符。

三 农用机械要素投入对家庭农场收益的影响

农用机械投入能够提高家庭农场的机械化，提高生产经营的效率，增加农场的收益，实现适度规模经营。从规模经济的角度讲，农用机械的投入是实现农业规模经济的必要条件。农用机械要素的本质就是通过促进农业生产过程中生产要素之间的相互替代，不断改变土地、资金、技术等稀缺资源对生产规模扩张的约束，从而可以获得最佳的投入产出效率、实现规模报酬递增。对于小农户来说，经营规模较小、土地分散、土地块数多、自有资本薄弱等局限导致无法利用大型机械进行标准化、集约化生产和经营，因而小农户生产的农业机械要素投入较少、机械化水平较低。相对而言，家庭农场一方面从周边农户或村集体承租集中连片的土地来扩大经营规模，另一方面拥有雄厚的自有资金用于提高农业生产效率，因而家庭农场具有满足大规模实现机械化作业的条件。同时，家庭农场的农业机械和技术装备体系能够为其生产经营活动提供必要的物质条件，农场拥有的农用机械的数量能侧面反映出家庭农场生产经营的效率水平。

图 4-3 为 2018—2020 年山东省省级示范家庭农场农用机械要素成本变化情况。从农业机械要素的变化趋势来看，山东省省级示范家庭农场 2019 年的农用机械总价相对较低，只有 40.37 万元，2018 年与 2020 年的数据基本相同，都在 46.00 万元左右。由于 2019 年调研农场的规模减小，所以 2019 年农用机械的亩均价值与其他年份比也没有明显的变化，而 5.00 万元以上的农用机械数量呈下降趋势。结合劳动力成本的分析，可以看出在家庭农

场的经营中，农用机械没有表现出对劳动力的替代效应。可能的原因是，目前家庭农场的生产过程中，已经完成了一部分机械对简单劳动的替代，但是更为细致的生产劳动仍然需要人工，不能由机械完成。所以面对日益增加的劳动力成本，家庭农场无法通过增加机械工具而降低生产成本。这也对中国农用机械技术提出了更高的要求，即如何利用更为先进的农用机械，以较低的成本完成更为精细的农业生产劳动。

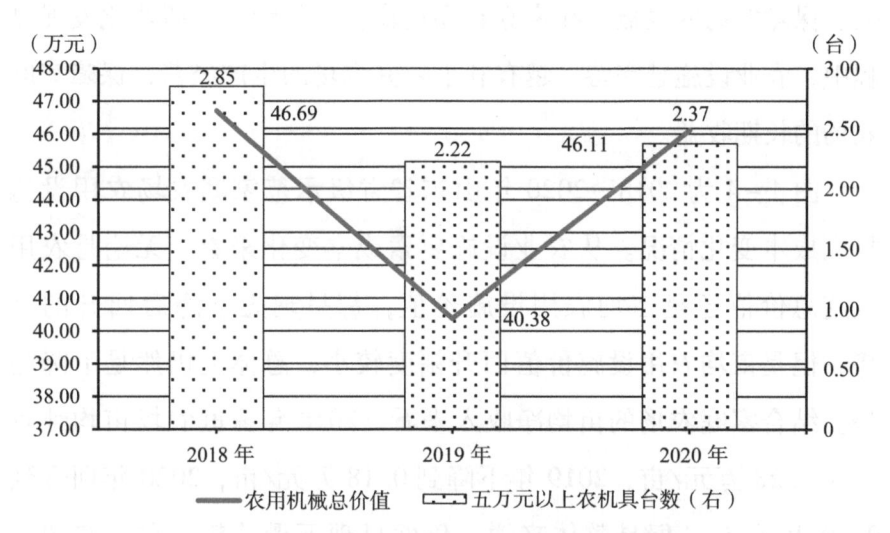

图 4-3　2018—2020 年农业机械要素成本变化情况

资料来源：山东省"三农"省情调研中心 2018—2020 年省级示范农场调研数据。

四　农用设施要素投入对家庭农场收益的影响

农业设施要素投入能够为农业生产经营活动提供必要条件和便利服务，保障农产品的生产、加工和销售，有助于改善生产经营条件、提高经济收益。小农户从事农业生产，主要包括种植、管理和销售三个环节，其生产经营规模小、标准化程度低，往往不需要专门的车间、冷库、办公场所等，并且灌溉设施主要依靠村集体或者合作社进行统一服务，农用设施要素投入较少、投入成本低。家庭农场相对于小农户而言，生产经营规模大、农产品生产链条长，其生产的农产品往往需要固定的车间、冷库等场所进行加工，以便于销售。同时，进行标准化生产的家庭农场，需要建造专门的废弃物处理中心，以实现绿色无公害生产。并且，农业生产受自然环境的影响程度高，灌溉设施、晾晒场所、烘干设备等农业设施的建造和完善，有利于提高家庭农场对自然风险的抵抗能力，减少灾害损失、保障农场的收益。在家庭农场规模化、集约化、商业化发展过程中，农业设施越完善，越有利于家庭农场的生产经营，保障家庭农场的长期收益。

图 4-4 为 2018—2020 年山东省省级示范家庭农场农用设施投入成本变化情况。从农业设施要素成本变化来看，无论是农用设施总价值还是亩均农用设施价值，都呈现先下降后回升的趋势，但是亩均农用设施价值回升幅度较小，总体上仍然是下降趋势。结合家庭农场的亩均净收入来看，2018 年家庭农场亩均纯收入为 0.28 万元/亩，2019 年下降到 0.18 万元/亩，2020 年回升到 0.19 万元/亩，但是整体来说，仍然呈现下滑趋势。在所有的生产要素中，土地和劳动力在短期内难以替代，弹性较低，所以即使在收入下滑的趋势下，家庭农场仍然不得不投入资金购买生产要素。相应地，农用机械、农用设施可以采用租赁等形式使用，所以在收入约束条件下，家庭农场可以优先降低可替代性高、价格弹性高的要素投入。

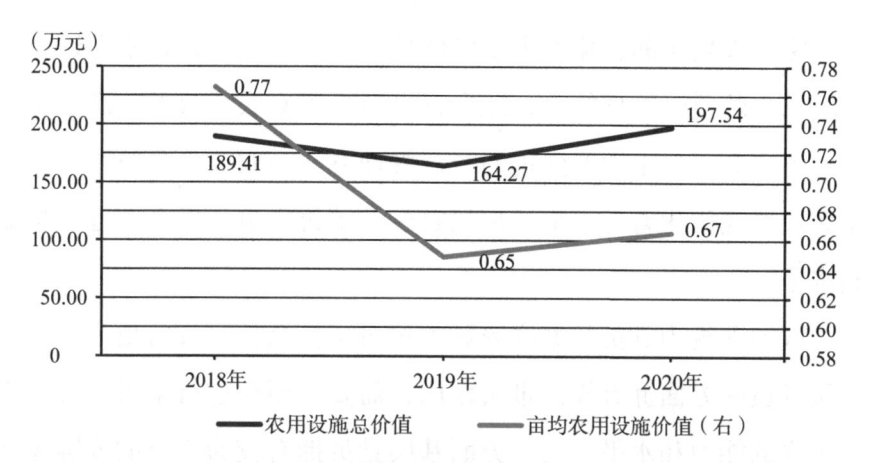

图 4-4 2018—2020 年山东省省级示范家庭农场农用设施投入成本变化

资料来源：山东省"三农"省情调研中心 2018—2020 年省级示范农场调研数据。

第二节 农场主个体及家庭特征类影响因素分析

一 农场主个人特征对家庭农场收益的影响

影响家庭农场收益的农场主个人特征因素主要包括农户的性别、年龄、受教育水平、政治面貌等。

由于家庭农场成员分工、优化使用了男女在劳动中的相对优势，有效提高了家庭农场生产的效率。尤其是在中国农村地区，以家庭农场为生产单位的小农生产模式更加依赖于这种家庭内的资源配置分工。经研究发现，农村女性劳动力更擅长养殖与手工，而男性在机器修理、农场经营方面更有优势。

随着年龄的增大，个人积累经验更多。同时，对新事物的学习能力、对新变化的适应能力也会随着年龄的增加而减弱。因此，不同的年龄段对家庭农场收益有着正向或负向的影响。

家庭农场主的文化水平主要体现在受教育方面,这不但影响家庭农场主的经营管理能力,还会直接影响家庭农场收益。高学历家庭农场主更倾向于学习先进的经营管理方法与农业生产技术,提升家庭农场现代化管理水平、拓宽农产品销售渠道,提高家庭农场盈利水平。

政治面貌为党员的家庭农场主相对于群众而言收益更高,因为基层党员一方面拥有模范带头作用,需要不断地进行学习,提升驾驭工作的能力和水平;另一方面基层党员拥有较为广泛的人际关系网络,对于处理家庭农场问题有着一定帮助,对政策的出台、农产品销售信息等更加敏感。同时,党员身份在一定程度上也是个人综合能力的体现,有助于综合提高家庭农场收益。

根据抽样调查,2018—2020年山东省省级示范家庭农场的农场主个人特征如图4-5所示。从农场主个人特征来看,78%左右的家庭农场主都是男性,这主要体现出农村地区的男性在管理决策领域具有相对的优势。并且,2018—2020年家庭农场主多为中老年群体,年龄大多在50岁以上。其中,2018年家庭农场主大于50岁的占比为56.60%,2019年为57.45%,2020年为57.72%。这说明,中国农村劳动力老龄化趋势逐渐加重,青壮年农业从业者逐渐减少,而家庭农场主中,65.00%的是群众,党员比例约为35.00%,这与中国农村的党员人数占比情况相似。

另外,从2020年家庭农场主受教育情况来看,初中占比为22.62%、高中或中专为43.13%、大专为27.06%,这三者占比达到92.81%,意味着省级示范家庭农场主多为中等受教育水平,本科及以上、小学及以下的占比合计为7.19%(见图4-6)。

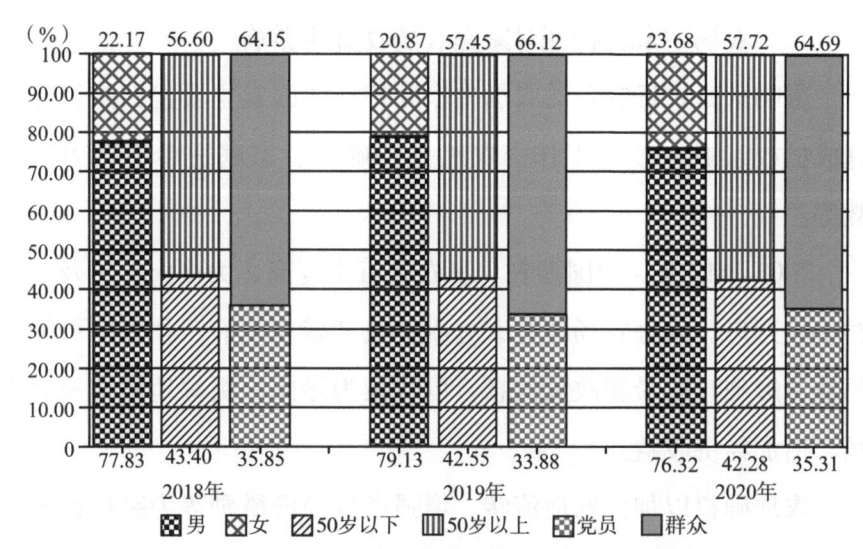

第四章 省级示范家庭农场收益影响因素的经验认知与理论分析 ◇ 75

图中柱状图数据：

2018年：22.17 / 56.60 / 64.15（上），77.83 / 43.40 / 35.85（下）
2019年：20.87 / 57.45 / 66.12（上），79.13 / 42.55 / 33.88（下）
2020年：23.68 / 57.72 / 64.69（上），76.32 / 42.28 / 35.31（下）

图例：男　女　50岁以下　50岁以上　党员　群众

图 4 - 5　2018—2020 年家庭农场主性别、年龄、政治面貌情况

资料来源：山东省"三农"省情中心 2018—2020 年省级示范农场调研数据。

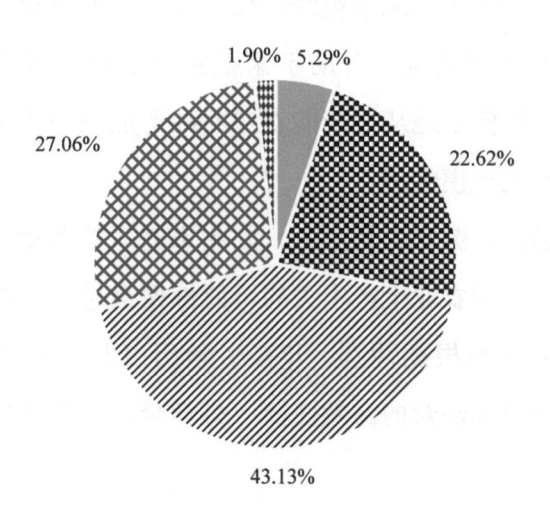

饼图数据：
- 小学及以下：1.90%
- 初中：22.62%
- 高中或中专：43.13%
- 大专：27.06%
- 本科及以上：5.29%

图例：■小学及以下　■初中　■高中或中专　■大专　■本科及以上

图 4 - 6　2018—2020 年家庭农场主受教育情况

资料来源：山东省"三农"省情中心 2018—2020 年省级示范农场调研数据。

二 农场主家庭特征对家庭农场收益的影响

影响家庭农场收益的农场主家庭特征的因素主要包括是否有家庭成员或亲戚在政府工作、农地是否确权、家庭适龄劳动力人口数等。

2003年以来,中国涉农、惠农政策密度高、力度大,惠及了农村千家万户。家庭农场若有家庭成员或亲戚在政府工作,则可能尽早地了解到政府最新政策信息,以政策为导向,更好地经营家庭农场,增加经济收益。

农地确权以加快农地流转、增强产权经济激励等为路径促进家庭农场收入增加。首先,确权强化了家庭农场的地权安全性,提高了地权的社会认可,降低了交易费用,增加了家庭农场收入。其次,农地确权强化了土地承包经营权,增强了产权稳定性,解决了劳动力迁移的后顾之忧,有助于家庭农场主便捷承租与续租。最后,农地确权促使土地从低产能农户向高产能农户手中转移,实现要素集聚,形成规模经济。

家庭农场核心劳动力是家人,因此家庭适龄劳动力越多,家庭投入更多劳动力到农业生产中去的可能性便会越大。参与农业生产的家庭适龄劳动力根据性别、年龄、学历以及特长进行社会化分工,从而实现农场经营的高效便捷、科学合理,促进农场经济效益的增长。

根据抽样调查,2018—2020年山东省省级示范家庭农场的农场家庭特征如图4-7所示。从农场主家庭特征的角度看,绝大多数的家庭农场都已完成了土地确权工作,2020年家庭农场土地确权占比为90.06%,这说明土地这一重要生产要素的权责划分更为明晰、

第四章 省级示范家庭农场收益影响因素的经验认知与理论分析 ◇ 77

合理，更进一步地，这为家庭农场的土地抵押担保贷款等奠定了基础。同时，2018—2019 年家庭农场有家庭成员在政府部门工作的平均比例为 36.64%，大部分家庭农场都无家庭成员在政府部门工作，这在一定程度上反映出政策前瞻性、便利性会成为家庭农场发展的优势性条件。

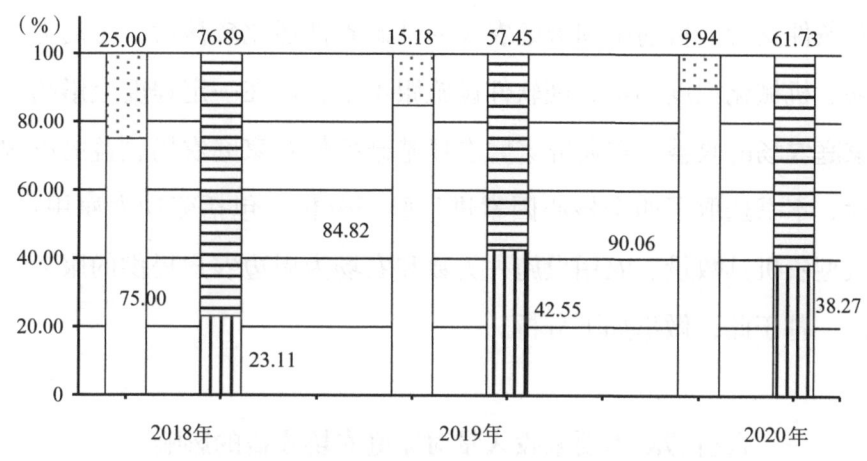

图 4-7　2018—2020 年家庭农场主土地确权、家庭成员工作情况

资料来源：山东省"三农"省情中心 2018—2020 年省级示范农场调研数据。

另外，从家庭农场适龄劳动人口数来看，80% 以上家庭农场的劳动力适龄人口少于 4 人，5—8 人的占比为 10%—20%，鲜有农场的适龄劳动人口多于 8 人。并且，2018—2020 年家庭农场家庭平均适龄劳动人口数在 3.5 人左右，呈现先上升后下降的 "V" 形变化趋势。

第三节　家庭农场基础条件类影响因素分析

家庭农场经营模式相比于小农户精耕自作经营模式来说，最重要的特点在于规模化经营，而家庭农场规模化经营需要众多的技术和条件支持。目前中国家庭农场的基础条件还比较落后，劳动力短缺、机械化程度不够、硬软件设施跟不上，都在一定程度上影响着家庭农场的收益。在研究家庭农场基础条件对家庭农场收益的影响时，本书选取了四个核心因素进行验证分析，包括劳动力雇用量、大型农机具数量、农用设施种类数和农场为周边农户提供的服务情况。基于此，做出如下分析。

一　自有劳动力要素投入量对家庭农场收益的影响

虽然家庭农场以机械化作业为主，但是人工劳动仍然有存在的必要性。首先，对于丘陵地区农业生产，单块土地面积较小，机械化作业难度大，人工投入是主要的劳动投入。其次，虽然家庭农场的规模生产对机械化的要求较高，但目前大部分家庭农场尚未实现自动机械化，农机具和农用设施的操作还需要人工完成，对劳动力的需求仍较高。最后，家庭农场的软件条件如知识、技术、专利品牌等也是提高家庭农场劳动生产率的重要因素，而优秀、高素质的劳动力投入在一定程度上可以提高家庭农场的软件条件，从而对家庭农场的收益产生一定的积极影响。因此，充足的劳动力可以让家庭农场提高规模化、现代化生产的效率，从而提高家庭农场的整体收益。

根据抽样调查，2018—2020 年山东省省级示范家庭农场的自有劳动力数量如图 4-8 所示。由图 4-8 可知，2018—2020 年家庭农场平均自有劳动力的数量呈现逐渐下降的趋势，由 2018 年的 3.57 人降至 2020 年的 2.93 人，这反映出中国家庭农场面临自有劳动力不足、劳动力供给水平逐渐降低的问题。同时，各家庭农场自有劳动力的数量绝大多数为 1—4 人，占比在 80.00% 以上，多于私人的占比，这说明家庭农场的劳动力主要靠雇用供给。

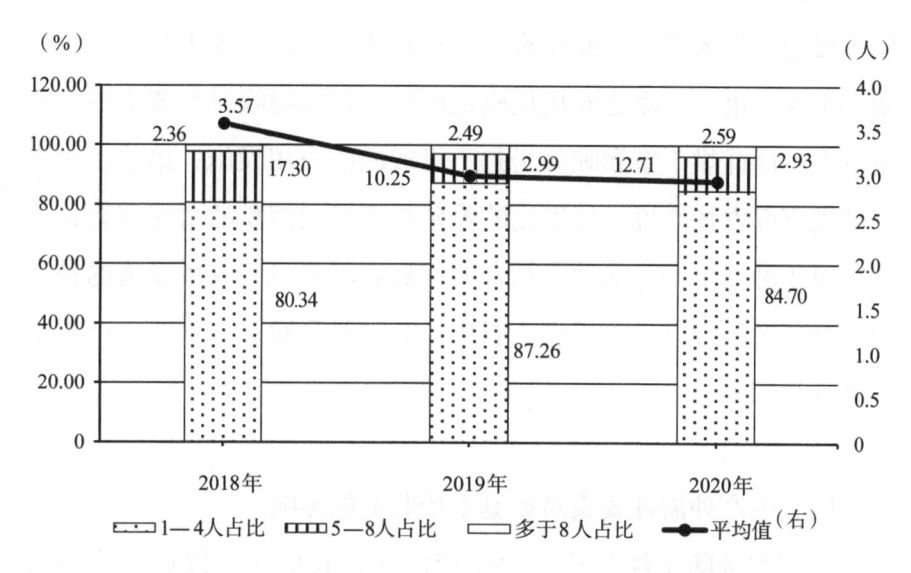

图 4-8　2018—2020 年家庭农场自有劳动力数量情况

资料来源：山东省"三农"省情中心 2018—2020 年省级示范农场调研数据。

二　农用机械投入量对家庭农场收益的影响

家庭农场不同于小农种植，其集约化生产离不开机械化，大型农机具的使用使家庭农场的生产专业化和机械化，从而提高生产效率。农业机械与劳动力、资本均存在相互替代关系，在促进农业生产率方面不可或缺。在经营规模一定的情况下，农机具的数量投入量越大，其生产效率越高，家庭农场的收益也就越高。但同时，比起一般农机具，大型农机具的管理成本也会相对较高。

三 农用设施要素投入量对家庭农场收益的影响

基础设施投入家庭农场是高效经营的必要条件，家庭农场的现代化生产也离不开现代化的农用设施。在小农户精耕细作模式下，由于经营规模较小，人工简单劳作尚可满足经营需要，对于农用大棚等设施的需求不高，而对家庭农场来说，农用设施十分重要，主要表现在：第一，家庭农场规模化经营，农作物收获季节集中且产量巨大，因此烘干室和晾晒场是不可或缺的农用设施；第二，对于养殖类家庭农场来说，规模化的养殖离不开大面积的禽畜棚舍；第三，对于种植多元化或种养结合的家庭农场来说，农用设施的种类众多且复杂，并且经营规模、农用设施种类和数量、农业生产效率三者息息相关。

四 生产外溢性要素对家庭农场收益的影响

家庭农场除了经营日常的生产活动，农场还可以通过为周边农户提供营利性服务，如提供农用设施的使用、技术信息服务、销售加工服务等，从而产生一定的收入，促使家庭农场的收益增加。因此，家庭农场的多种营利方式也会使家庭农场拓宽收入来源，提高农场收益，促进实现资源的最优配置和收入分配的公平合理。

第四节　生产性融资能力类影响因素分析

家庭农场通过建设基础设施、购置机械设备和购买生产资料等发展适度规模经营，能够在一定程度上缓解农地细碎化等农业生产问题。但这些生产行为需要大量的资金支持，特别是对于农业收入水平偏低的家庭农场来说，原始积累的有限性无法满足发展适度规模经营所需的资金。调研数据显示，大多数家庭农场经营主体认为影响农场发展的主要障碍之一是生产性融资能力不足。家庭农场的生产性融资能力不足，一方面制约着家庭农场现代化发展，不利于农场提高科技含量和机械化水平；另一方面限制了家庭农场的发展活力，不利于农场经营收益的提升。因此，要提升家庭农场等规模经营主体的成本收益绩效，必须打破家庭农场生产性融资能力不足的局面，实现家庭农场的可持续发展。

一　融资有效供给对家庭农场收益的影响

当前，中国农村金融体系仍处于建设发展阶段，金融机构在数量和层次上远远不能满足"三农"融资需求。其中，率先完成股份制改革的中国农业银行一方面受到资金来源的限制，支农能力不强；另一方面受到业务范围的限制，退化为农产品收购方面的政策性组织，因而"经济人"属性更加明显，农村机构网点和农村融资大幅减少。农业发展银行、农村信用社产权不明晰，"三会"制度形同虚设，不良贷款历史包袱重，经营中更多采取了商业化的策略，将资金投放到风险小、收益好的工商业。而邮政储蓄银行每年从农村流出的资金约为 3000 亿元，基本不对农村经济放贷融资。农村金融有效不足使农户贷款方式严重受限，信贷配给严重失衡，高昂融资成本一定程度降低了家庭农场等农业生产新主体的信贷能力，进而影响家庭农场经营收益。

根据抽样调查，2018—2020 年山东省省级示范家庭农场的融资有效供给如图 4-9 所示。根据 2018—2020 年的数据分析结果，整体来看，家庭农场融资有效供给范围和总量仍旧处于较低水平，但是呈现逐渐改善趋势。同时，融资有效供给多样性不断提升，获得三种及以上贷款业务的家庭农场占比由 2018 年的 0.94% 提升至 2020 年的 2.11%，家庭农场融资有效供给结构不断改善。

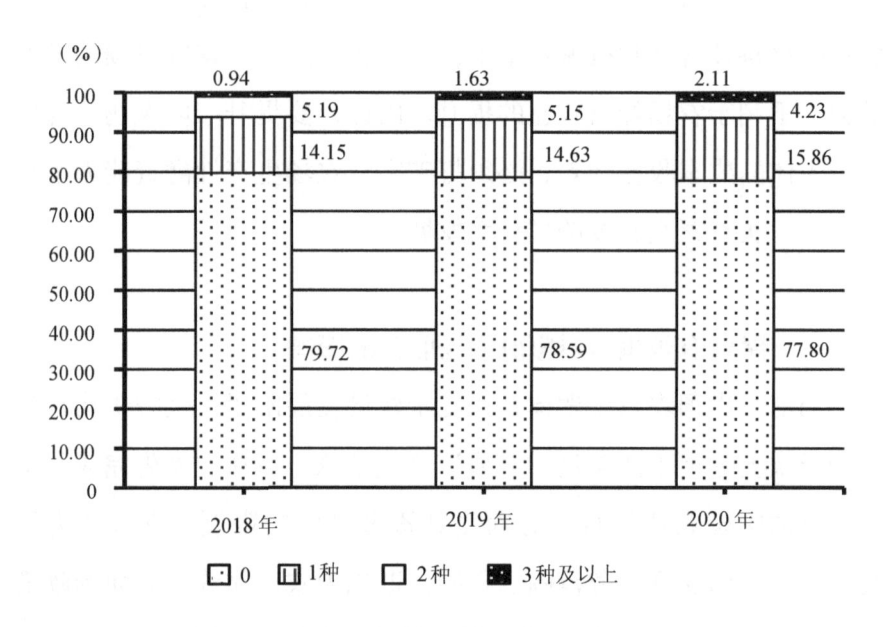

图 4-9　2018—2020 年贷款种类数量变化

资料来源：山东省"三农"省情中心 2018—2020 年省级示范农场调研数据。

二 融资可得性对家庭农场收益的影响

从家庭农场角度看,可供增信的抵押物不足是导致家庭农场等规模经营主体信贷可得性低的一个重要因素。具体表现为:一方面是农村房产由于地域限制,银行处置困难,农村耕地和宅基地担保受限,不动产担保在农民借贷中不能广泛推行;另一方面农村可用于抵押担保的动产较少,且动产往往存在估值困难和价格波动大的特点,导致银行接受意愿极低。从银行角度看,涉农融资期限长、规模小而频繁,地域分散,季节性明显,造成了农村融资交易费用较高,进而产生了涉农信贷潜在需求积压的局面。同时,由于信息不对称、逆向选择和道德风险的存在,银行势必会提高贷款利率以保证资金安全,高融资门槛使涉农信贷潜在需求持续积压,造成需求型融资抑制。

根据抽样调查,2018—2020年山东省省级示范家庭农场的融资可得性情况如图4-10所示。由图4-10可知,家庭农场融资可得性仍处于较低水平,但整体呈上升趋势。其中,2018—2020年,获足额贷款的家庭农场占比由29.27%提升至39.80%,未能获得贷款或仅获得部分贷款的家庭农场占比由70.73%下降至60.20%。在提高家庭农场信贷可得性的同时,对于信贷满足度的关注具有重要意义。

三 经营年限对家庭农场收益的影响

在一般融资过程中,金融机构在借贷行为产生后,最关心的问题是违约风险,衡量这一潜在风险大小的标准是农场经营收益的高低。家庭农场经营规模、年限、规范性是反映农场收益能力的主要

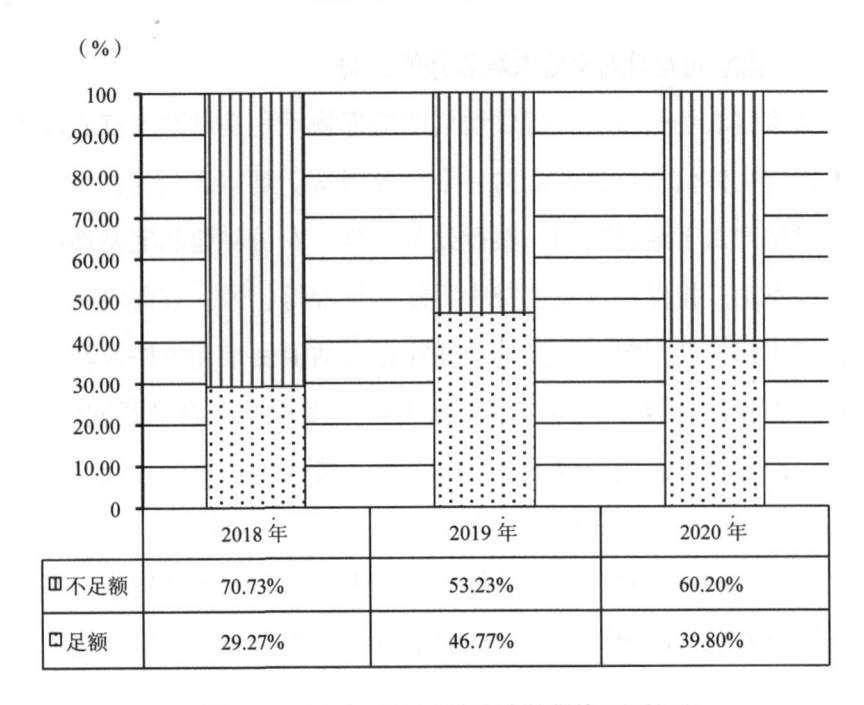

	2018年	2019年	2020年
不足额	70.73%	53.23%	60.20%
足额	29.27%	46.77%	39.80%

图4-10 2018—2020年家庭农场贷款足额情况

资料来源：山东省"三农"省情中心2018—2020年省级示范农场调研数据。

维度，故金融机构在这些方面设置了较高的门槛。但中国土地细碎化等长期以来难以解决的问题，导致当前家庭农场经营主体普遍存在经营年限短、规模小、财务管理不规范、经营方式落后等问题，造成家庭农场等规模经营主体在较大程度上难以从正规渠道获得足够的生产性资金。受限于较低的生产性融资能力，发展阶段的家庭农场无法获得充足的资金投入以扩大经营规模和实现家庭农场的可持续经营，造成恶性循环，严重阻碍对萌芽期、成长发展期家庭农场的扶持发展。

根据抽样调查，2018—2020年山东省省级示范家庭农场的经营年限如图4-11、图4-12所示。由图4-11、图4-12可知，家庭农场总体平均预期经营年限为 6 年，呈现逐年小幅增长趋势。其中，预期经营年限时长方面，2018—2020 年的平均预期经营年限分别为 5.75 年、5.93 年和 5.99 年。预期经营年限结构方面，16.89% 的家庭农场预期经营年限在 3 年以内，46.77% 的家庭农场预期经营年限为 4—6 年，36.33% 的家庭农场预期经营年限在 6 年以上。同时，家庭农场总体经营预期良好，相较于未曾贷款的家庭农场，有过贷款经历的家庭农场经营预期相对更好。

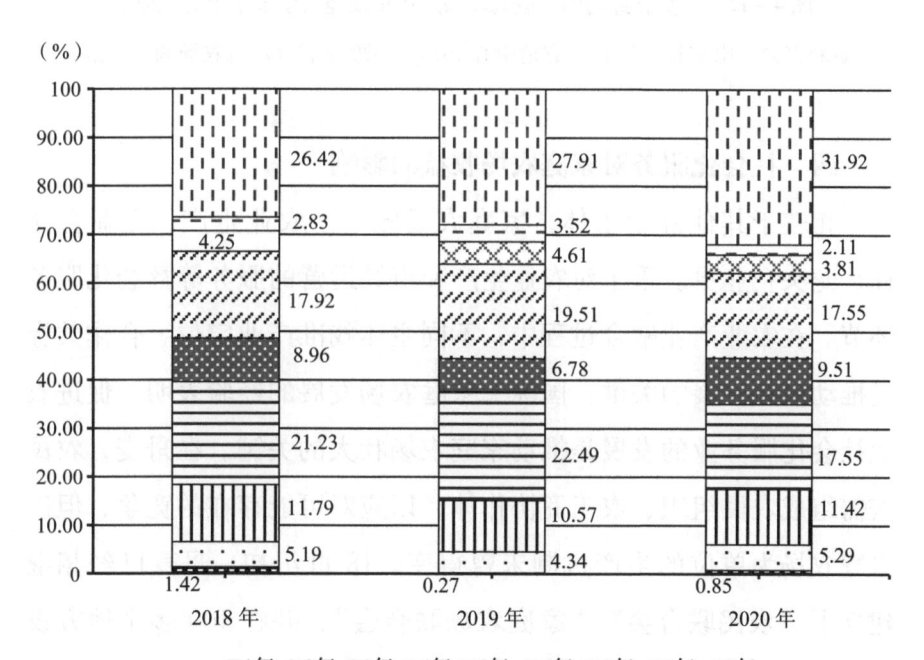

图 4-11　家庭农场预期经营年限

资料来源：山东省"三农"省情中心 2018—2020 年省级示范农场调研数据。

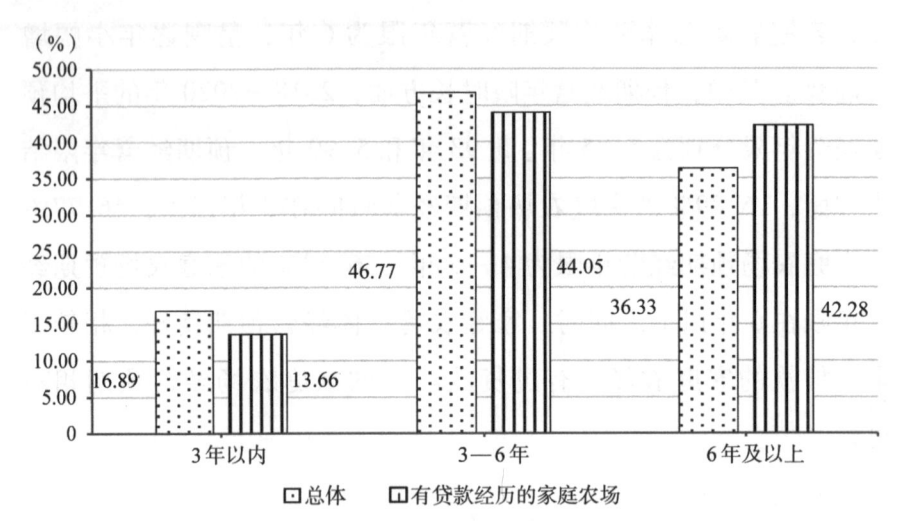

图 4 -12 有贷款经历的家庭农场与总体预期经营年限水平对比分析

资料来源：山东省"三农"省情中心 2018—2020 年省级示范农场调研数据。

四 社会化服务对家庭农场收益的影响

相较于其他经营主体，家庭农场侧重于农业生产，专业合作社、龙头企业更侧重于对农业生产和市场运营的服务等社会化服务环节。在农业产业融合过程中，不同主体找准产业定位、合作共赢是推动农业发展的关键。国际上家庭农场发展的经验表明，促进农业社会化服务业的发展是推动家庭农场壮大的关键。在丹麦，农民按需组成农民组织、农工商协作体，以应对可能存在的竞争，但以家庭农场为单位的生产机制未曾得变。18 世纪初，丹麦已经相继建立了"农民联合会""家庭农场联合会"，并在 100 多个地方设立分会，直接为其会员提供各方面的服务。家庭农场基本不需要雇工，所需服务由合作社和协会提供。因此，在家庭农场可持续发展过程中，其与合作社等社会化生产服务型经营主体合作的需求将会不断提高。家庭农场通过与其他经营主体合作可实现社会资本的提升，将在一定程度上增强其自身生产性融资能力，助力农场业务拓展、降低经营成本以及提高经营收益。

根据抽样调查，2018—2020年山东省省级示范家庭农场向周边农户提供的服务如图4-13所示。由图4-13可知，2018—2020年，家庭农场向周边农户提供服务的结构变化趋势明显。其中，家庭农场向周边农户提供的贷款或担保服务、技术服务以及信息服务占比呈现逐年上升的趋势，向周边农户提供的农机服务、产品加工及销售服务等传统服务呈现逐年下降趋势。

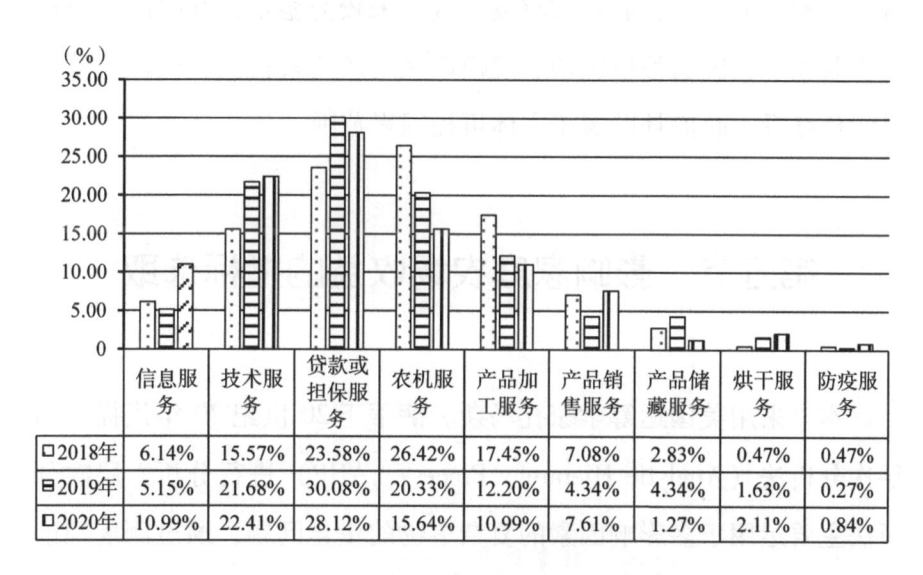

	信息服务	技术服务	贷款或担保服务	农机服务	产品加工服务	产品销售服务	产品储藏服务	烘干服务	防疫服务
2018年	6.14%	15.57%	23.58%	26.42%	17.45%	7.08%	2.83%	0.47%	0.47%
2019年	5.15%	21.68%	30.08%	20.33%	12.20%	4.34%	4.34%	1.63%	0.27%
2020年	10.99%	22.41%	28.12%	15.64%	10.99%	7.61%	1.27%	2.11%	0.84%

图4-13　2018—2020年家庭农场向周边农户提供服务情况

资料来源：山东省"三农"省情中心2018—2020年省级示范农场调研数据。

五　政府扶持政策对家庭农场收益的影响

从全国农场经营情况来看，家庭农场当前已然享受支持政策，主要表现在农用设施建造、土地租借流转及农业器械购买等方面。受限于农业弱质性、地域性、周期性以及季节性特点明显，家庭农场经营过程中极易发生风险集聚效应，造成经济损失。而农业是支持国民经济发展的基础产业,家庭农场等新型规模经营主体是促进中国农业发展的重要力量。政府金融补贴的制定与落实可在财政、税收以及风险管理等多方面综合提升家庭农场等规模经营主体的生产性融资能力,为其实现可持续发展进而增加经营收益提供有力保障。需要说明的是,本书所指的补贴主要指农业支持保护补贴,主要包括种粮农民直接补贴、农作物良种补贴以及农资综合补贴。尽管政府补贴政策并不取决于农户个人意愿,政策的发布不属于主体可控因素,但由于农业补贴政策一直以来较为稳定,补贴的获取量主要取决于农民的种植结构、规模以及生产要素投入,因此从补贴量的角度看,政府补贴属于主体可控因素范围。

第五节 影响家庭农场收益的指标选取

本书采用美国运筹学家托马斯·萨蒂于 20 世纪 70 年代提出的层次分析法(Analytic Hierarchy Process,AHP)进行分析。层次分析法主要运用于多影响因素的复杂事物的量化问题,通过测度理论对问题进行综合评价。层次分析法将问题层层分解成量化指标,根据指标之间的内在关系和隶属关系将指标组合成不同的维度,形成多维度、多层次的分析体系,最后按照指标之间的重要程度关系进行赋权打分,实现同一问题、不同样本之间的横向可比。

一 构建家庭农场收益的评价指标体系

结合已有研究和实地调研情况,本书选择了家庭农场成本类因素、农场主个体及家庭特征类因素、家庭农场基础条件类因素和生产性融资能力类因素，共计 4 个维度的 22 个指标，构建的家庭农场收益评价指标体系如表 4-1 所示。

表 4-1　　　　　　　家庭农场收益评价指标体系

目标层	准则层	方案层
家庭农场收益	成本类因素	亩均劳动力雇用费用
		亩均土地租金
		亩均农用器械价值
		亩均农用设施费用
	农场主个体及家庭特征类因素	年龄
		性别
		学历
		政治面貌
		家庭适龄劳动力人口数
		家庭成员是否在政府部门任职
		租入土地数量
		亲友关系链数
	家庭农场基础条件类因素	农地是否确权
		劳动力雇用量
		大型农机具数量
		农用设施种类数
		农场为周边农户提供服务
	生产性融资能力类因素	贷款种类数量
		是否足额贷款
		经营预期年限
		是否加入合作社
		农场获得的政府补贴

二　构造家庭农场收益的判断矩阵

在家庭农场收益评价指标体系中，准则层有成本类因素（F1）、农场主个体及家庭特征类因素（F2）、家庭农场基础条件类因素（F3）、生产性融资能力类因素（F4），方案层有亩均劳动力雇用费用（F11）、亩均土地租金（F12）、亩均农用器械价值（F13）、亩均农用设施费用（F14）、年龄（F21）、性别（F22）、学历（F23）、政治面貌（F24）、家庭适龄劳动力人口数（F25）、家庭成员是否在政府部门任职（F25）、租入土地数量（F26）、亲友关系链数（F27）、农地是否确权（F28）、劳动力雇用量（F31）、大型农机具数量（F32）、农用设施种类数（F33）、农场为周边农户提供服务（F34）、贷款种类数量（F41）、是否足额贷款（F42）、经营预期年限（F43）、是否加入合作社（F44）、农场获得的政府补贴（F45）。

专家打分赋权是层次分析法的重要内容。专家成员根据专业经验对各维度、各指标的重要程度进行对比打分，从而可以计算出各维度、各指标的权重。本书指标体系判断矩阵如表4-2所示。

表4-2　　　　　　　　家庭农场收益判断矩阵

	F1	F2	F3	F4
F1	1.00	0.67	0.88	0.63
F2	1.50	1.00	0.39	0.59
F3	1.14	2.57	1.00	0.61
F4	1.60	1.70	1.64	1.00

根据表4-2的判断矩阵，运用SPSSAU软件运算判断矩阵特征值和向量，并对向量归一化得到各维度、各层次的权重，最后进行一致性检验。家庭农场收益评价指标体系权重如表4-3所示。

专家对判断矩阵进行打分时难免会加入主观感受等主观因素，主观因素的累积容易引起一定的评价误差，造成评价结果的可靠性降低,故需检验判断矩阵的一致性。通过 SPSSAU 软件计算,如表 4-4 所示,所有矩阵的 CR 值均≤0.10,说明判断矩阵通过检验,指标选取符合逻辑,评价体系所赋权重具有可靠性。

表 4-3　　　　　影响家庭农场收益的指标权重结果

一级指标	一级指标权重	二级指标	二级指标权重	二级指标综合权重
成本类因素	0.19	亩均劳动力雇用费用	0.18	0.03
		亩均土地租金	0.67	0.13
		亩均农用器械价值	0.08	0.02
		亩均农用设施费用	0.07	0.01
农场主个体及家庭特征类因素	0.18	年龄	0.14	0.02
		性别	0.04	0.01
		学历	0.15	0.03
		政治面貌	0.04	0.01
		家庭适龄劳动力人口数	0.07	0.01
		家庭成员是否在政府部门任职	0.17	0.03
		租入土地数量	0.24	0.04
		亲友关系链数	0.13	0.02
		农地是否确权	0.02	0.01
家庭农场基础条件类因素	0.28	劳动力雇用量	0.10	0.03
		大型农机具数量	0.38	0.10
		农用设施种类数	0.32	0.09
		农场为周边农户提供服务	0.20	0.06
生产性融资能力类因素	0.35	贷款种类数量	0.11	0.04
		是否足额贷款	0.38	0.13
		经营预期年限	0.07	0.02
		是否加入合作社	0.25	0.09
		农场获得的政府补贴	0.19	0.07

表 4-4　　　　　　　　判断矩阵一致性检验结果

判断矩阵	最大特征根	CI 值	RI 值	CR 值	一致性检验结果
F1—F4	5.44	0.11	1.12	0.10	通过
F11—F14	0.78	0.05	0.78	0.07	通过
F21—F28	0.78	0.09	1.04	0.09	通过
F31—F34	1.18	0.14	1.52	0.09	通过
F41—F45	1.54	0.05	0.89	0.05	通过

根据表 4-3 所得到的指标权重，本书将采用亩均土地租金、年龄、学历、家庭成员是否在政府部门任职、租入土地数量、亲友关系链数、大型农机具数量、农用设施种类数、农场为周边农户提供服务、贷款种类数量、是否足额贷款、是否加入合作社和农场获得的政府补贴 13 个指标，对影响家庭农场收益的因素进行实证分析。

第六节　本章小结

依据本章分析，家庭农场收益的影响因素主要包括成本、农场主个体及家庭特征、家庭农场基础条件和生产性融资能力四大类。

成本主要分为土地要素成本、劳动力要素成本、农用机械要素投入成本及农用设施要素投入成本。劳动力要素投入能够提高家庭农场的生产经营效率，农用机械要素投入能够提高家庭农场的机械化、现代化水平，农用设施要素投入能够为家庭农场的生产经营活动提供必要条件和便利服务，这三者都有助于扩大经营规模，增加农场收益。而土地租金过高会使家庭农场经营的土地面积无法达到适度规模经营的状态，从而降低家庭农场的总收益。

在农场主个体及家庭特征分析中，农场主的学历对家庭农场经营收益起到决定性作用，家庭成员或亲戚有在政府部门工作的，能更及时地了解到政府最新政策信息，从而更好地经营家庭农场，使农场收益增加。

在家庭农场基础条件对家庭农场收益影响的研究中，劳动力雇用量、大型农机具数量、农用设施种类数和农场为周边农户提供服务作为四个核心分析因素。劳动力数量越充足、农机具投入数量越大、农用设施种类越齐全、生产外溢性程度越高，越有利于提高其生产效率，家庭农场的收益也会越高。但同时，在投入大型农机具时，农场的管理成本也会相对较高。

生产性融资能力成为约束农场发展的必要条件，其中融资有效供给、融资可获得性、经营年限、社会化服务、政府扶持作为主要分析因素。首先，农村金融有效供给不足使选择性贷款现象严重，随之而来的高昂融资成本降低了农场的生产性融资能力，影响农场收益。其次，信息不对称、逆向选择、道德风险的存在势必会提高银行贷款利率，进而降低了农场融资的可获得性，使农场收益受到影响。再次，经营年限已经成为金融机构评价农场还款能力的重要指标之一，农场的经营年限越长，则生产性融资能力越强，越有利于增加家庭农场收益。另外，家庭农场通过与其他经营主体合作可实现社会资本的提升，一定程度上增强其自身生产性融资能力，助力农场业务拓展、降低经营成本以及提高经营收益。最后，政府扶持可以从多方面综合提升家庭农场等规模经营主体的生产性融资能力,为其实现可持续性发展进而增加经营收益提供有力保障。经采用层次分析法进行权重比较,本书选取亩均土地租金、大型农机具数量、农场获得的政府补贴等13个代表性指标对影响家庭农场收益的因素进行实证分析。

第五章

省级示范家庭农场收益影响因素的研究设计

第一节　山东省省级示范家庭农场收益总体情况

2020年，山东省农业农村厅认定家庭农场情况统计结果如下：在家庭农场基本情况方面，一是家庭农场总量，截至2020年，山东省已登记农场超过6万家，农业农村部门评定的示范农场有5410家，家庭农场的数量呈现显著增加之势。二是家庭农场经营面积，目前山东省家庭农场经营的土地总面积共计596.20万亩，其中耕地、草地、水面及其他土地面积分别为568.80万亩、1.00万亩、6.80万亩、19.60万亩。可以看出家庭农场经营面积中耕地面积占到总面积的95.40%，其中家庭承包经营119.00万亩，流转经营409.60万亩。根据登记的家庭农场数量和家庭农场经营土地面积，可以大致估计出2020年山东省每个家庭农场平均经营土地面积达到94.76亩。三是劳动力数量情况，山东省家庭农场劳动者中家庭成员约17.40万名，长工有10.40万名左右。由此可见，无论是家庭农场的数量、规模经营面积还是劳动者数量，都足以证实规模经济正在主导家庭农场的发展，从前零散的家庭农场正在逐步转变为适度规模经营。这一过程中，规模经济理论无疑发挥了十分重要的指导作用。

在行业分布方面，山东省省级示范家庭农场中从事种植业的家庭农场有51018家，发展粮食产业的有26207家。其中，经营土地面积为200—500亩的有2688家，500亩以上的有696家。从事畜牧业的家庭农场有4774家，其中生猪产业有1797家、奶业有272家。从事渔业生产劳动的家庭农场有486家，从事种养结合经营的家庭农场有4402家，其他农业生产的家庭农场有2235家。

一 山东省省级示范农场总收入分析

为全面了解山东省省级示范农场的收入情况，可从家庭农场经营总收入趋势分析、各地市农场经营总收入均值对比分析、各地市农场经营总收入标准差对比分析、各地市农场经营亩均总收入趋势分析四个角度展开。

（一）家庭农场经营总收入状况

总体上，山东省家庭农场总体发展水平较高，不过大部分农场经营总收入较低。但从全国水平来看，山东省家庭农场经营总收入达到或略超全国平均水平。以2018年为例，山东省家庭农场平均总收入为65.04万元，相当于全国家庭农场平均总收入水平。

山东省省级示范农场总收入两极差异显著（见图5-1）。农场之间的收入最大差距接近1000万元量级。从农场经营总收入整体趋势来看，61.00%的家庭农场在150万元以下，极少数家庭农场能达到近1000万元级收入，故总体上呈现出"金字塔"形的分布状况。农场经营总收入"金字塔"可以划分为三大等级,其中第一等级为总收入 150 万元以下的家庭农场,占比为 61.10%;第二等级为总收入 150 万—550 万元的家庭农场,占比为 32.80%;第三等级为收入 550 万元以上的家庭农场,占比为 6.10%。

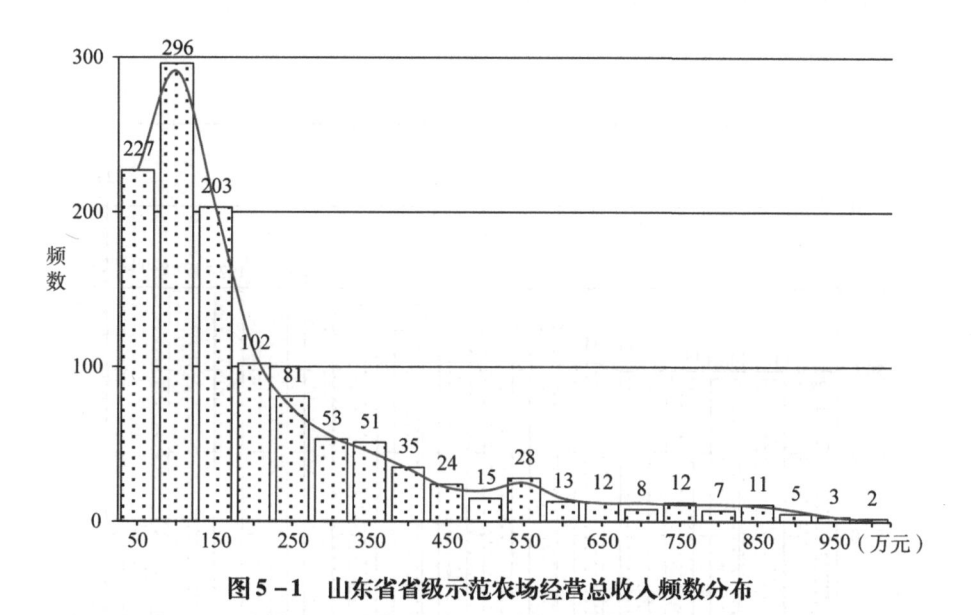

图 5-1 山东省省级示范农场经营总收入频数分布

资料来源:山东省"三农"省情调研中心 2018—2020 年省级示范农场调研数据。

山东省家庭农场具有较大发展空间和发展潜力。随着市场地位的转变和市场供需关系的变化,家庭农场经营者必须具有较高的市场主体意识和风险管理意识,不断增强价格敏感性和政策导向性,逐步提高经营管理水平和科技成果转化率,跟随全国家庭农场发展趋势,稳步健康发展。

(二)各地市农场经营总收入均值对比分析

山东省家庭农场经营总收入均值为 174.66 万元,如图 5-2 所示,其中总收入均值最高的城市为东营,高于总收入均值 46.20%,

高于排名第二的临沂27.40%。山东省家庭农场经营总收入均值最低的城市为莱芜,低于总收入均值26.70%。从山东省家庭农场总收入均值整体情况来看,全省17个地市的农场经营收入均值总体差异性程度不大,围绕总体平均水平上下小幅度波动,并且从沿海向内陆呈现出逐渐递减的趋势。

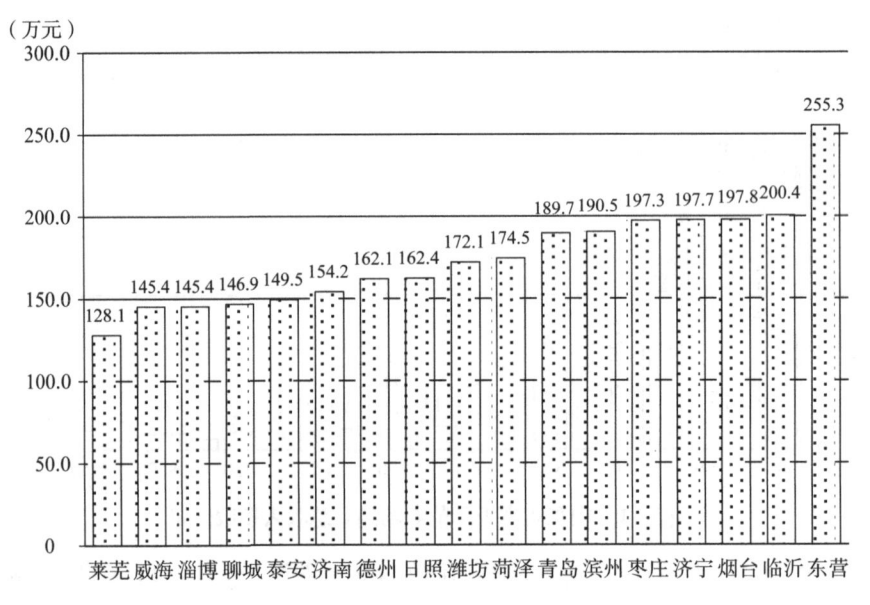

图5-2 山东省17个地市农场经营总收入均值

地市	均值(万元)
莱芜	128.1
威海	145.4
淄博	145.4
聊城	146.9
泰安	149.5
济南	154.2
德州	162.1
日照	162.4
潍坊	172.1
菏泽	174.5
青岛	189.7
滨州	190.5
枣庄	197.3
济宁	197.7
烟台	197.8
临沂	200.4
东营	255.3

资料来源:山东省"三农"省情调研中心2018—2020年省级示范农场调研数据。

(三)各地市农场经营总收入标准差对比分析

调查发现,各地市农场经营总收入标准差差异性较大(见图5-3)。图5-3中威海市农场经营总收入标准差最小,为151.5,说明威海市各个家庭农场总收入最近似市总收入平均值145.4,各农场总收入最稳定。滨州市农场经营总收入标准差最大,为226.0,说明滨州市各个家庭农场总收入距离平均值190.5差额最大,各农场总收入波动最大。以滨州市滨城区为例，全区农场主年龄聚集在40岁以上，35岁以下的青壮年并未注册家庭农场。因此不同的年龄层次对于经营方式、管理水平、政策敏感、经营理念等具有重要影响，直接或间接导致区域间发展水平的差异，进一步拉大收入差距。而对威海市家庭农场进行分析和研究发现，虽然区域内家庭农场发展水平不同，但是不同发展水平的家庭农场具有各自独特的条件和优势。从政策变化趋势来看，以滨州市为代表的农场区域收入水平差异大的地区应当逐步缩小区域间极端差异性，协调平衡区域发展因素，促进区域协调统一发展。以威海市为代表的地区应建立家庭农场的示范体系，对不同家庭农场的经营主体进行调查，针对各区域的具体情况，提供科学化的帮助，进行一户一法，促进威海市家庭农场共同发展。

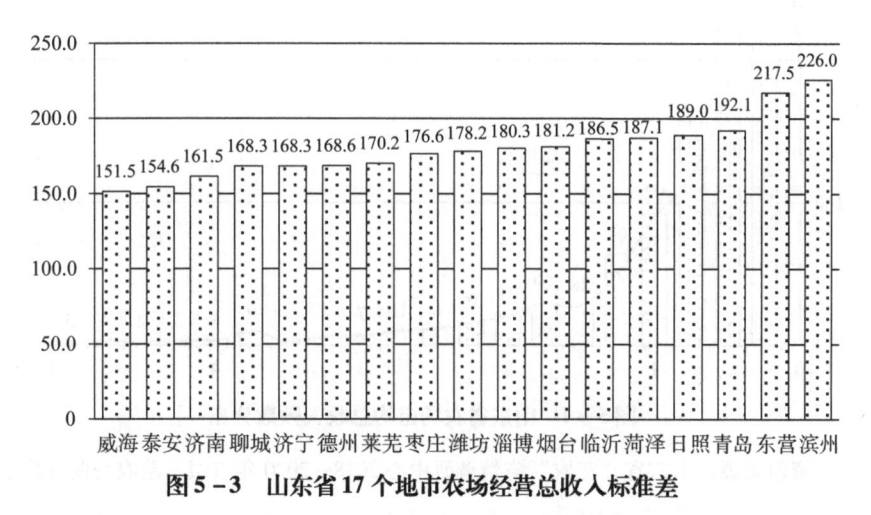

图 5-3　山东省 17 个地市农场经营总收入标准差

资料来源：山东省"三农"省情调研中心 2018—2020 年省级示范农场调研数据。

（四）各地市农场经营亩均总收入趋势分析

如图 5-4 所示，山东省农场亩均总收入水平低，绝大多数地区亩均总收入不足 10000 元，甚至低于 2500 元。同时，我们也可以看到极少数家庭农场可以实现亩均总收入近 5 万元，远远超过山东省一般水平，导致农场亩均总收入差距近 20 倍，形成两极分化的局面。图 5-4 从具体指标的角度侧面反映出山东省农场经营总收入水平，在一定程度上解释了山东省农场经营总收入近 20 倍差距的现象。

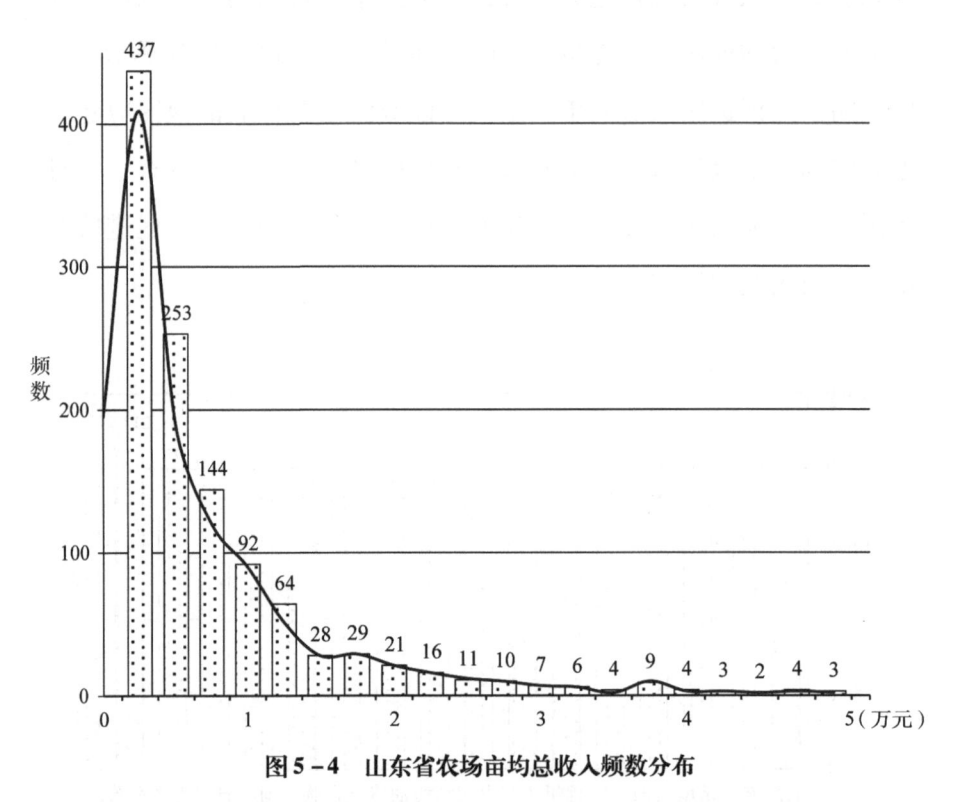

图 5-4　山东省农场亩均总收入频数分布

资料来源：山东省"三农"省情调研中心 2018—2020 年省级示范农场调研数据。

（五）各地市农场经营亩均总收入对比分析

如图 5-5 所示，地区间农场亩均总收入差距较大，其中济宁地区农场亩均总收入是德州地区的 2 倍多。从山东省区域划分上来看，以德州、东营为代表的山东北部地区农场亩均总收入较低，以日照、济宁为代表的山东南部地区农场亩均总收入较高，以青岛、淄博为代表的山东中部地区农场亩均总收入处于中间水平，整体农场亩均总收入呈现从南向北逐渐递减的趋势。

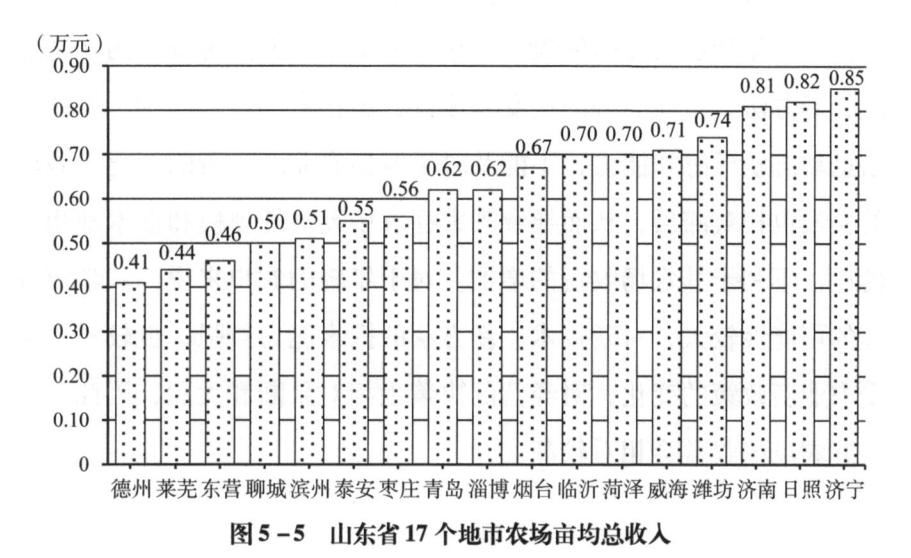

图5-5 山东省17个地市农场亩均总收入

资料来源：山东省"三农"省情调研中心2018—2020年省级示范农场调研数据。

（六）不同年龄结构农场主经营总收入对比分析

从地区家庭农场总收入的均值可以看出，在全省17个地市中，莱芜、威海、淄博的农场经营总收入均值较低，烟台、临沂、东营的家庭农场经营总收入均值较高，因此本部分选取这6个地市进行不同年龄结构家庭农场经营总收入对比分析。将所有的样本农户分为50岁以上和50岁及以下，由图5-6中反映的结果可知，6个地市全都呈现出不同年龄结构下农场经营总收入均值的差异，每个地市农户50岁以上的农场经营总收入均值均低于农户50岁及以下的农场经营总收入均值。其中淄博和东营的农场经营总收入均值差距最大，分别为 201 万元和 158 万元。这种结果表明，年龄结构对于家庭农场经营总收入的影响较大，并呈现出负相关的影响关系，即其他条件一定的情况下，农户年龄越小，其农场总收入就越高。这主要是由于家庭农场规模化和商品化的农业生产对农业机械化、现代化要求较高，因此家庭农场对采用新品种、新技术有较高的要求。对于年龄层次较高的农户来说，种植思维偏向传统，固守老经验、老方法，对新品种的接受程度低，新技术要素投入少，对社会信息动态缺乏感知能力，不能及时了解到农业新政策的变化，做出的决策也相对滞后，从而导致其家庭农场经营的规模和技术都相对落后，不利于其农场收益的增加。对于年轻的农户来说，其学历较高的可能性较大，对新技术、新方法的探索能力较强，也较易于接受农业新政策的变化，对经营的决策也相对果断和大胆，因此，其家庭农场的收益会相对较高。

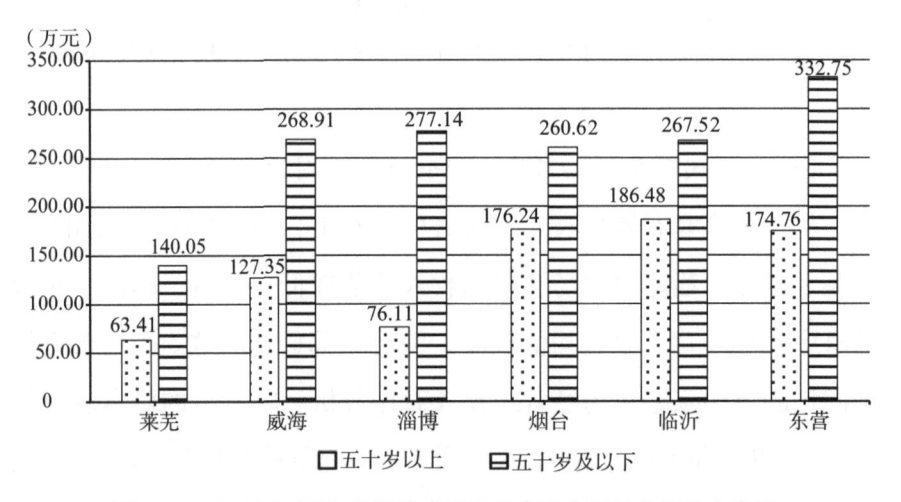

图 5-6 各地区不同年龄结构农场主的家庭农场经营总收入均值

资料来源：山东省"三农"省情调研中心 2018—2020 年省级示范农场调研数据。

（七）不同学历农场主经营总收入对比分析

调查样本中，从家庭农场主的学历角度看，小学及以下的家庭农场主占比6.17%，初中的家庭农场主占比21.92%，高中或中专的家庭农场主占比43.93%，大专的家庭农场主占比25.81%，本科及以上的家庭农场主占比2.18%（见图5-7）。农场主拥有不同学历，其家庭农场的经营总收入表现出明显差异。样本总体经营总收入均值为207.19万元，最大值为2700.00万元，标准差为282.39。其中，农场主学历小学及以下的家庭农场经营总收入均值为170.41万元，低于整体水平，最大值为589.25万元，最小值为8.00万元，标准差为150.00。农场主学历是初中的家庭农场经营总收入均值为191.84万元，低于整体水平，最大值为2576.00万元，标准差为251.31。农场主学历是高中或中专的家庭农场经营总收入均值为201.50万元，略低于整体水平，最大值为2700.00万元，标准差为295.29。农场主学历是大专的家庭农场经营总收入均值为217.51万元，高于整体水平，最大值为1018.10万元，标准差为225.89。农场主学历是本科及以上的家庭农场经营总收入均值为245.43万元，高于整体水平，最大值为2400.00万元，标准差为342.02。总体看来，学历水平在小学以下、初中、高中或中专的家庭农场经营纯收入低于整体水平，而学历为大专、本科及以上的家庭农场经营总收入高于整体水平。由此可见，随着信息化、数字化进程的推进，"互联网+现代农业"成为重要方向和基本途径。学历越高的家庭农场，获取信息的能力越强，信息获取成本越低，信息付费意愿也越强，进而有利于实现家庭农场可持续性发展。

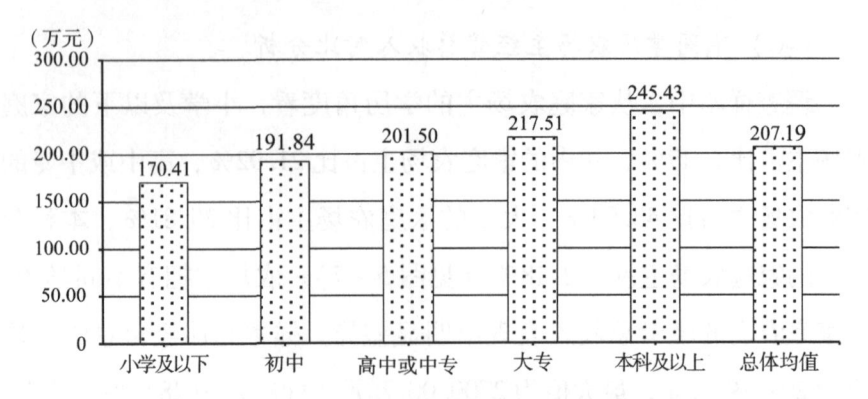

图 5-7　不同学历农场主的家庭农场经营总收入对比

资料来源：山东省"三农"省情调研中心 2018—2020 年省级示范农场调研数据。

二　山东省省级示范农场纯收入分析

（一）农场经营纯收入趋势分析

农场经营纯收入可以分为三类（见图 5-8）：亏损经营类，即农场经营纯收入为负值的家庭农场，占比为 3.49%；低水平类，即农场经营纯收入在 100 万元及以下的家庭农场，占比为 82.4%；中水平类，即农场经营纯收入为 100 万—200 万元的家庭农场，占比为 9.21%；高水平类，即农场经营纯收入在 200 万元以上的家庭农场，占比为 4.9%。山东省家庭农场纯收入 50 万元左右的占据绝大多数，而 2018 年全国家庭农场平均纯收入为 15.99 万元，可见山东省大部分家庭农场的纯收入水平高于全国平均水平。

（二）各地市农场经营纯收入均值对比分析

山东省家庭农场经营纯收入均值为 50.83 万元，是 2018 年全国家庭农场平均纯收入的 3 倍左右。如图 5-9 所示，其中东营市的家庭农场平均纯收入为 70.20 万元，高于全省家庭农场纯收入 38.11%。全省家庭农场平均纯收入最低的是日照市，平均纯收入水平为 38.29 万元，低于全省平均收入水平 24.67%。由图 5-9 可

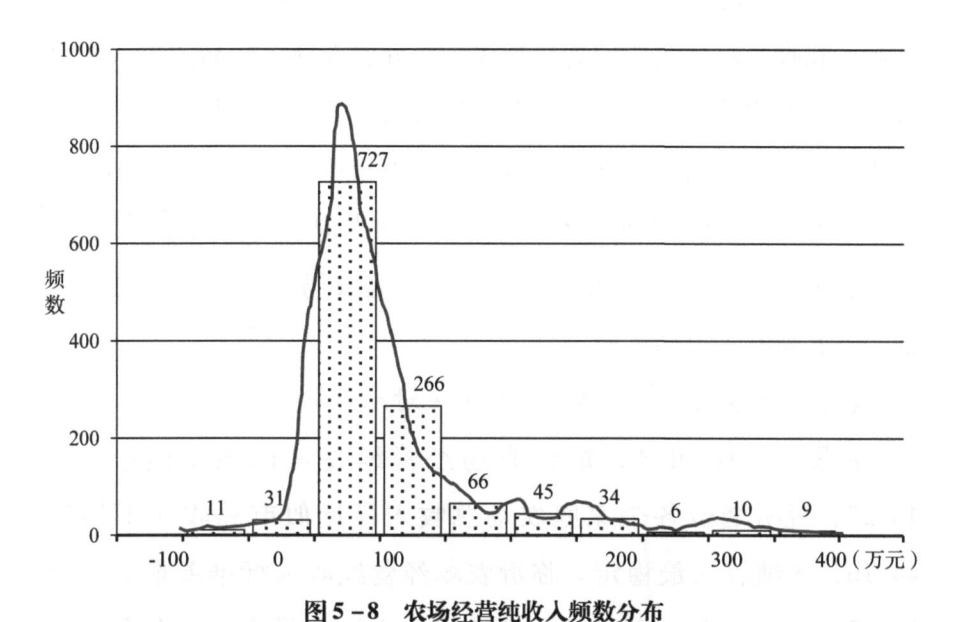

第五章　省级示范家庭农场收益影响因素的研究设计　◇　105

图5-8　农场经营纯收入频数分布

资料来源：山东省"三农"省情调研中心2018—2020年省级示范农场调研数据。

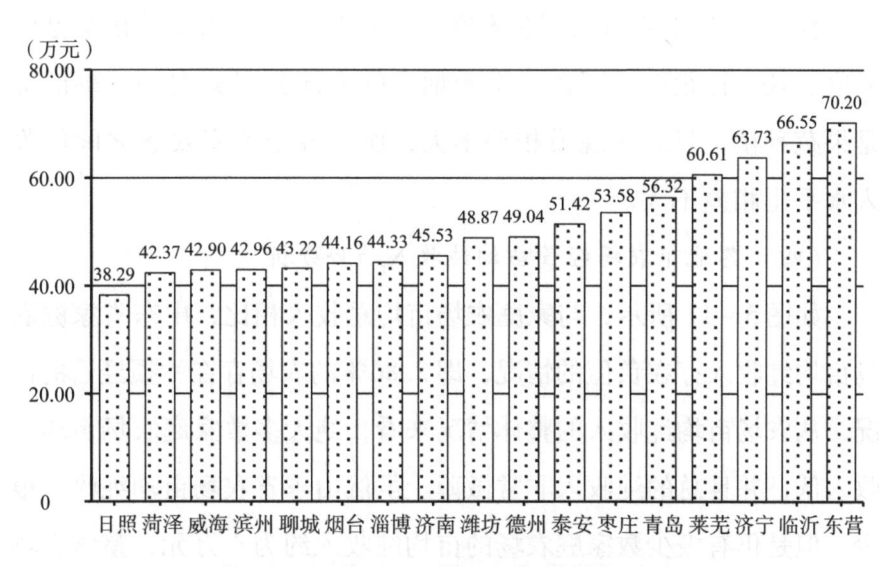

图5-9　山东省17个地市农场经营纯收入均值

资料来源：山东省"三农"省情调研中心2018—2020年省级示范农场调研数据。

知，东营的平均总收入也居17个地市的首位，可见东营的总体收入水平和收益水平全省最高。其次，临沂也表现出较高的收入和收益水平。平均总收入居于全省末尾的莱芜，其平均纯收入却排全省第四位。主要原因是，莱芜平均种植面积相对其他各地市较小，家庭农场数量和规模都处于低位。相比其他大规模家庭农场对机械、设施、劳动力等的大规模投入，莱芜家庭农场的总成本相对也较低，因此纯收入就会有所上升。

（三）地市农场经营纯收入标准差对比分析

由图5-10可知，烟台农场经营纯收入标准差最小，为43.27，说明烟台各个家庭农场总收入最近似市总收入平均值44.16，各纯收入最稳定。临沂农场经营纯收入标准差最大，为74.43，说明临沂各个家庭农场的纯收入波动最大。烟台是中国著名的"苹果之乡"，其土地特点也决定其在农业种植上的相对单一性，2020年公布的烟台家庭农场示范场中，果蔬种植类型的家庭农场占比很高。因此，由于烟台的大部分家庭农场从事的都是果蔬种植，且农场规模相差不大，所以各个家庭农场之间的收入水平也相差不大。

（四）各地市农场经营亩均纯收入趋势分析

如图5-11所示，与家庭农场亩均总收入相比，山东省家庭农场亩均纯收入存在负值的情况，即2.86%的农场存在亏损经营的情况。从农场亩均纯收入的整体情况来看，绝大多数家庭农场亩均纯收入低，并且总的纯收入非常微薄。虽然山东省农场亩均纯收入很少，但是仍有极少数家庭农场的亩均纯收入约为4万元，整体农场亩均纯收入差距达到5倍。

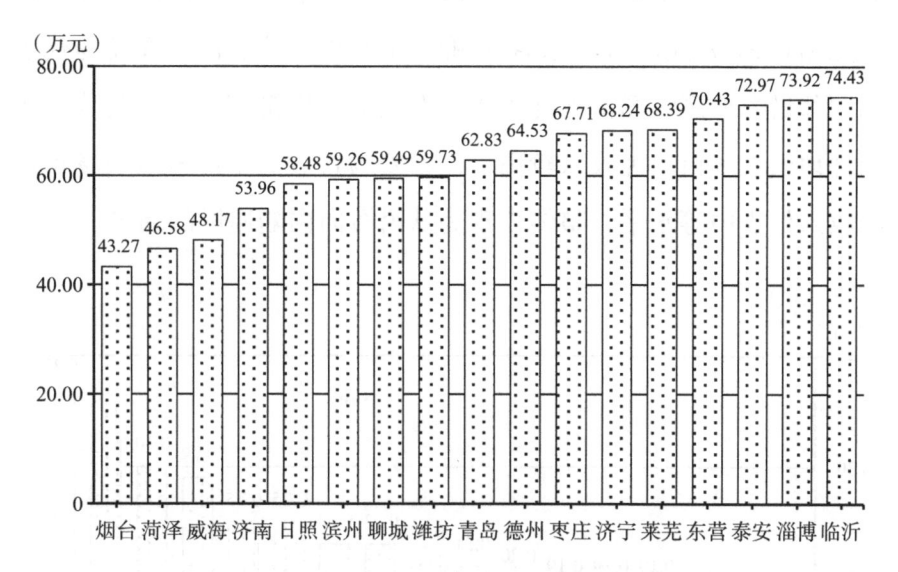

第五章 省级示范家庭农场收益影响因素的研究设计 ◇ 107

(万元)
80.00　　　　　　　　　　　　　　　　　　　　　　　　　　72.97 73.92 74.43
　　　　　　　　　　　　　　　　　67.71 68.24 68.39 70.43
　　　　　　　　　　　62.83 64.53
60.00　　　　58.48 59.26 59.49 59.73
　　　　53.96
　46.58 48.17
43.27

40.00

20.00

0
烟台 菏泽 威海 济南 日照 滨州 聊城 潍坊 青岛 德州 枣庄 济宁 莱芜 东营 泰安 淄博 临沂

图 5-10　山东省 17 个地市农场经营纯收入标准差

资料来源：山东省"三农"省情调研中心 2018—2020 年省级示范农场调研数据。

2500

2000

频
数 1500

1000　　　　　988

500
　　　2　32　　　　104　33　　13　　10　　5　　　　　2
0
　-1　　　　0　　　　　1　　　　2　　　　3　　　　4(万元)

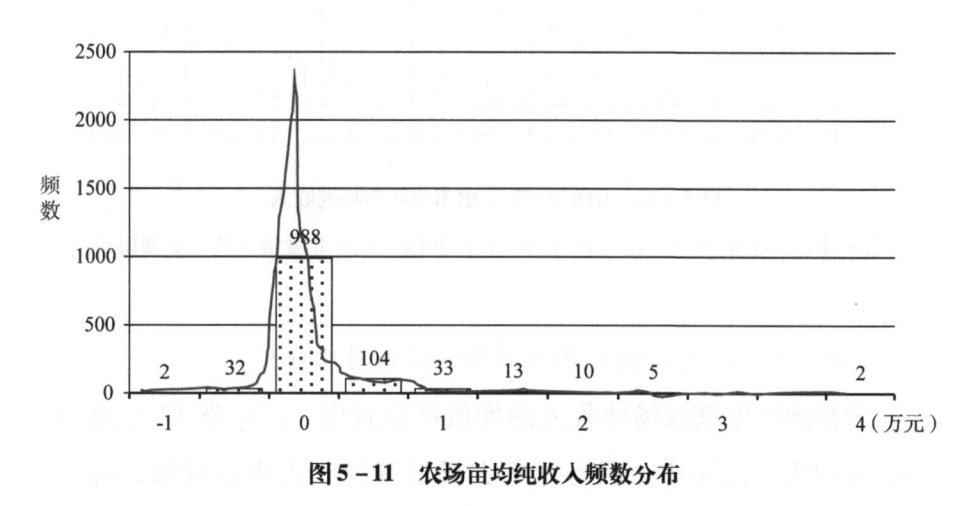

图 5-11　农场亩均纯收入频数分布

资料来源：山东省"三农"省情调研中心 2018—2020 年省级示范农场调研数据。

（五）各地市农场经营亩均总收入对比分析

如图 5-12 所示，山东省 17 个地市农场亩均纯收入整体不高，其中菏泽地区、临沂地区分别为最低地区、最高地区,分别为0.15万元和0.37万元。从山东省区域划分来看,以烟台、青岛为代表的东部沿海地区农场亩均纯收入相对较低,以济宁、临沂为代表的西部地区农场亩均纯收入较高,以泰安为代表的中部地区农场亩均纯收入处于中等水平,整体表现为从沿海向内陆递增的趋势。

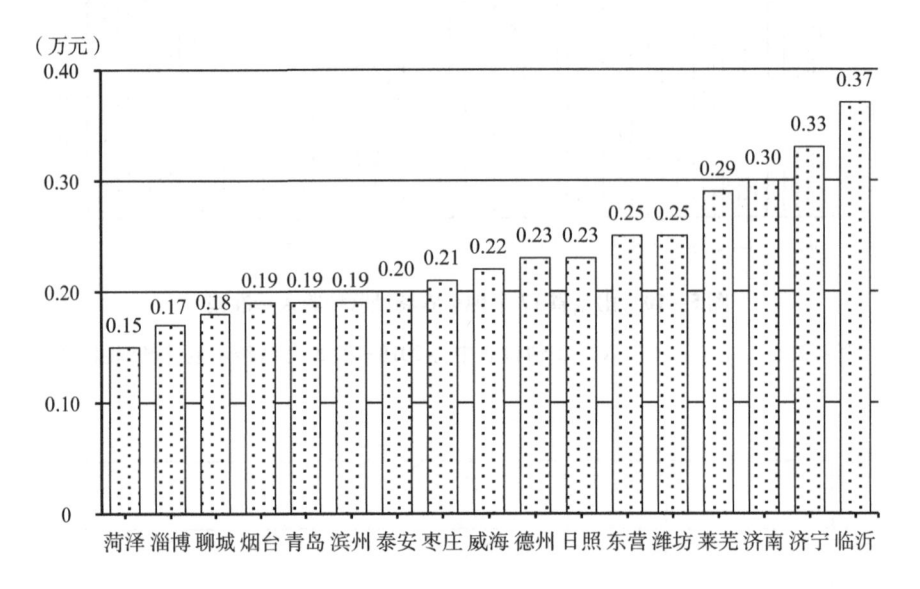

图 5-12　山东省 17 个地市农场亩均纯收入

资料来源:山东省"三农"省情调研中心 2018—2020 年省级示范农场调研数据。

(六) 不同年龄结构农场主经营纯收入对比分析

根据地区家庭农场纯收入的均值可以看出,在全省 17 个地市中,日照市、菏泽市、威海市的农场经营纯收入均值较低,济宁市、临沂市、东营市的农场经营纯收入均值较高,因此本书选取这 6 个地市进行不同年龄结构农场主家庭农场经营纯收入对比分析,如图 5-13 所示。将所有的样本农户分为 50 岁以上和 50 岁及以下,由图 5-13 中反映的结果可知,6 个地市全都呈现出农场主不同年龄结构下农场经营纯收入均值的差异，每个地市农场主50岁以上的农场经营纯收入均值均低于农场主50岁及以下的农场经营纯收入均值。其中日照市和东营市的农场经营纯收入均值差距最大，分别为87万元和47万元。与总收入相同，年龄结构对于家庭农场经营纯收入的影响较大，并呈现出负相关的影响关系，即其他条件一定的情况下，农场主年龄越小，其农场收益就越高。

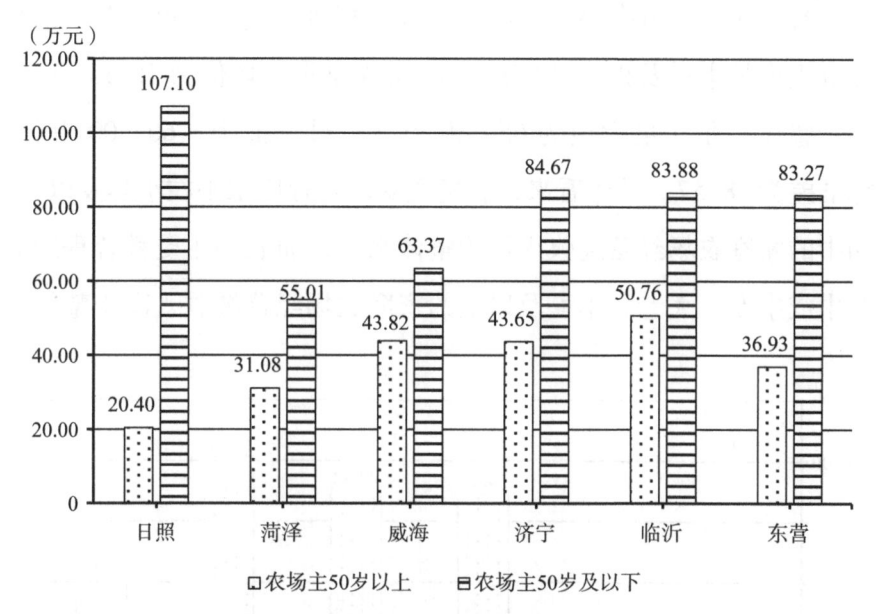

图 5-13 不同年龄结构农场主地区农场经营纯收入均值

资料来源：山东省"三农"省情调研中心 2018—2020 年省级示范农场调研数据。

（七）不同学历农场主经营纯收入对比分析

如图 5-14 所示，不同受教育程度农场主的家庭农场的经营纯收入表现出明显差异。样本总体经营纯收入均值约为 52.02 万元，最大值为 818.00 万元，最小值为 -1800.00 万元，标准差为 101.76。其中，农场主受教育程度是小学及以下的家庭农场经营纯收入均值为 47.73 万元，低于整体水平，最大值为 600.00 万元，最小值为

-1800.00万元，标准差为116.44。农场主受教育程度是初中的家庭农场经营纯收入均值为49.93万元，低于整体水平，最大值为220.00万元，标准差为55.52。农场主为高中或中专学历的家庭农场经营纯收入均值为54.88万元，最大值为300.00万元，最小值为-65.00万元，标准差为57.05。农场主受教育程度是大专的家庭农场经营纯收入均值为55.29万元，高于整体水平，最大值为818.00万元，最小值为-60.00万元，标准差为88.30。农场主受教育程度是本科及以上的家庭农场经营纯收入均值为56.15万元，高于整体水平，最大值为650.00万元，最小值为-605.00万元，标准差为98.57。总体看来，农场主受教育程度水平在小学及以下、初中的家庭农场经营纯收入低于整体水平，而农场主受教育程度为高中或中专、大专、本科及以上的家庭农场经营纯收入高于整体水

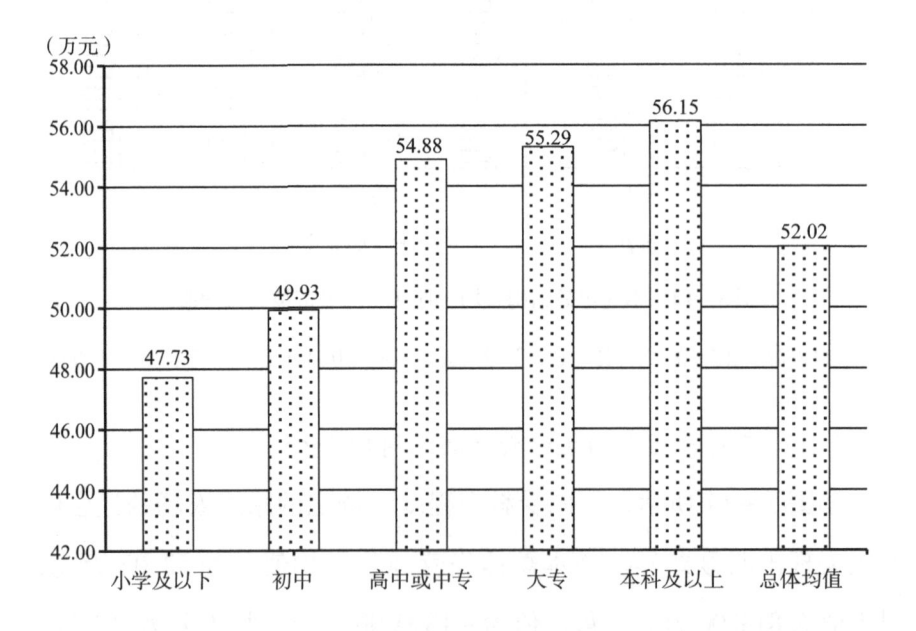

图5-14　不同学历农场主的家庭农场经营纯收入对比

资料来源：山东省"三农"省情调研中心2018—2020年省级示范农场调研数据。

平。相较于不同受教育程度农场主家庭农场经营总收入分布情况，占比43.93%的高中或中专文化水平的农场主家庭农场经营总收入低于整体水平，但其经营纯收入高于整体水平，说明家庭农场主以高中或中专文化水平的中年群体为主，虽然其受教育程度不高，但是凭借着其常年的经营经验积累，其赢利能力高于整体水平。

第二节 家庭农场收益的影响因素研究设计

一 研究假设

根据文献综述和研究内容，结合本书第四章内容，提出研究假设，对影响家庭农场收益的因素进行分析。就家庭农场而言，农场收益是家庭农场总收入与成本的差额，农场内部和外部因素在家庭农场收益中起着关键性作用。因此农户的成本类因素、农场主个体及家庭特征类因素、家庭农场基础条件类因素和生产性融资能力类因素等，会直接影响家庭农场的亩均收益。

（一）针对成本类影响因素的研究假设

	假设内容
假设 Ha-1	土地要素成本与家庭农场的收益存在正向影响
假设 Ha-2	农用机械要素投入与家庭农场收益存在负向影响

（二）针对农场主个体及家庭特征类影响因素的研究假设

	假设内容
假设 Hb-1	家庭农场主年龄对家庭农场收益存在显著影响
假设 Hb-2	家庭农场主学历对家庭农场存在正向影响

续表

	假设内容
假设 Hb-3	亲友在政府工作对家庭农场收益存在正向影响
假设 Hb-4	土地租入规模对家庭农场收益存在正向影响
假设 Hb-5	社会网络对家庭农场收益存在正向影响

(三) 针对家庭农场基础条件类影响因素的研究假设

	假设内容
假设 Hc-1	农业经营设施种类对家庭农场收益存在正向影响
假设 Hc-2	农场为周边农户提供服务对家庭农场收益存在正向影响

(四) 针对生产性融资能力类影响因素的研究假设

	假设内容
假设 Hd-1	贷款种类数量对家庭农场经营收益有正向影响
假设 Hd-2	贷款难易程度对家庭农场经营收益产生正向影响
假设 Hd-3	加入合作社对家庭农场经营收益产生正向影响
假设 Hd-4	农场获得的政府补贴金额对家庭农场经营收益产生正向影响

二 变量选取与特色

依据前文的分析和假设，选取的变量及其具体含义如表 5-1 所示。

表 5-1　　　　　　　　变量选取情况

类型	变量维度	变量名称	变量含义	影响方向	变量符号
因变量	—	家庭农场收益	家庭农场生产经营的纯收入	—	*income*

续表

类型	变量维度	变量名称	变量含义	影响方向	变量符号
自变量	成本类因素	土地要素投入	家庭农场土地租金总额/土地经营总面积	+	land_value
		农用机械投入	大型农业机械投入数量	+	num_mach
	农场主个体及家庭特征类因素	年龄	农场主实际年龄	−	age
		文化水平	学历	+	edu
		社会认知	是否有家庭成员在政府部门工作	+	gov_friend
		经营规模	租入土地数量	+	land
		社会关系	亲友关系链数	+	rel
	家庭农场基础条件类因素	农用设施要素投入量	家庭农场农用设施的种类之和	+	sort_fac
		生产外溢性要素	家庭农场为周边农户提供的服务种类数	+	sort_serv
	生产性融资能力类因素	融资渠道数量	融资渠道数量	+	num_fin
		社会化服务	家庭农场是否加入合作社	+	coop
		政府扶持	家庭农场获得的政府补贴金额	+	support
		融资难易程度	家庭农场贷款难度感知	+	loan

(一) 成本类影响因素分析

本书在分析家庭农场成本类影响因素对家庭农场收益造成的影响时，一共选取了两个成本类因素，包括土地要素投入和农用机械投入。就这两个变量的作用机理而言，土壤条件、地理位置、租赁期限、灌溉设施等是决定土地租金的主要因素，土地资源禀赋好、土地的租金一般较高，这虽然会在一定程度上增加了家庭农场的生产经营成本，但家庭农场会获得更高的单位产出、节约运输及管理费用，从而会提高家庭农场的收益；家庭农场所拥有的大型农用机械数量越多，意味着其农用机械要素投入成本越高，并且农业生产经营的不确定性、自然灾害的频发性会在一定程度上加快农用机械的折旧速度，进而增加了家庭农场年度经营成本，降低年度收益。

（二）农场主个体及家庭特征类影响因素分析

在分析农场主个体及家庭特征对家庭农场的收益造成的影响时，选取了农场主个人特征、农场主家庭特征和政策认知能力三大类共7个解释变量。

男性相对于女性来讲，在农场经营方面更有精力和优势。随着农场主年龄的增加，经验积累渐多、人际关系渐广，有利于农场获得资源。农场主的受教育水平越高，能够更容易有效提高农场管理水平；政治面貌为党员的农场主，学习能力强，思想觉悟高，有模范带头作用，有助于提高家庭农场收益。家庭适龄劳动力人口越多，从事农业生产的人口相对也会越多，那么家庭农场收益就越高。农场中，若有家庭成员在政府工作，则可能尽早地了解到政府最新政策信息，从而更好地经营家庭农场，使收益增加。农地确权通过强化家庭劳动分工等促进家庭农场收入增加。

（三）家庭农场基础条件类影响因素分析

在分析家庭农场基础条件对家庭农场收益的影响时，本书一共选取了两种家庭农场基础条件类变量，分别是农用设施要素投入量和生产外溢性要素。其中，家庭农场拥有的农用设施的种类越齐全，能够在很大程度上帮助其提高生产效率、扩大生产规模，并提高家庭农场生产经营的专业化、集约化、绿色化水平，提高农场的获利能力，有利于提高家庭农场的收益。生产外溢性要素主要表现为家庭农场为周边农户提供的服务种类数，家庭农场为周边农户提供生产经营服务时，一方面可以获得服务性收入，提高总收益；另一方面可以提高家庭农场的社会知名度、提高品牌效应，从而产生一定的收入，促使家庭农场的收益增加。

（四）生产性融资能力类影响因素分析

在分析家庭农场生产性融资能力对收益造成的影响时，选取的被解释变量和解释变量如表5-1所示。家庭农场贷款融资的渠道越广,越能够保证农场的资金供给的稳定性、增加农场的收益。家庭农场贷款数量多,能够保持其生产经营资金的充足度,为农场的生产经营提供资金条件。家庭农场融资满足程度越高,越有利于保证其生产经营,从而增加农场的收益。家庭农场的经营预期年限越长,越有利于银行提供融资服务,从而促进其生产和经营。家庭农场加入合作社,可实现社会资本的增加,提升其自身生产性融资能力,以提高经营收益。政府对家庭农场进行财政补贴,有利于其拓宽融资渠道、增加资金供给,实现自身的发展和升级。另外,为了反映经营成本对农场收益造成的影响,本书选取家庭农场的经营总成本作为控制变量。

三 数据来源

山东省各地农户响应政府培育家庭农场的目标,在政府支持政策鼓励下随之创建了各具特点的家庭农场。目前,山东省家庭农场数量持续增长,种类多种多样,但由于农业生产本身有着投资周期长、比较效益低、回报见效慢的特点,加之近年来农资产品的价格持续上涨,农业生产成本骤增。同时,大量资金投入进去,中短期内回报率低,暴露出发展中的部分问题。因此,为了深入了解山东省省级示范家庭农场的收益问题及其四类影响因素,山东农业大学经济管理学院(商学院)、山东省"三农"省情调研中心成立调查小组,分别于2018年、2019年、2020年对省级家庭农场示范场开展了调查,每次调查采用分层抽样的方式进行样本选取。从样本情况来看,2018—2020年,有效样本分别为240家、355家、451家,由于每年认定的省级示范家庭农场不相同,因此本书调研的数据不是面板数据。本书在采用方法时,将数据按照混合截面数据进行处理。

调查小组在山东省 17 个地市分别选取一定数量的县区和乡镇进行抽样调查。调查问卷主要包括以下几部分内容：第一部分为农场主个体及家庭特征，包括户主年龄、户主受教育程度、家庭人口、收入情况、投资贷款情况等；第二部分为家庭农场基础条件，包括经营情况、劳动力情况、农机具和农用机械种类数量等；第三部分为土地经营情况，包括土地经营总面积、耕地质量、土地租入情况、土地风险情况等；第四部分为年家庭农场成本收益情况，包括作物种植面积及纯收入、粮食投入产出情况、蔬菜投入产出情况、水产养殖纯收入、畜禽养殖纯收入、政府补贴情况、经营总成本和纯收入等。每次调研主要以问卷的方式进行，调查小组现场发放调查问卷，并逐一说明填答事项，由户主亲自填答问卷。共发放正式调查问卷 1188 份，剔除部分异常样本的有效问卷 1046 份，有效率为 88.05%。

四 模型构建

从上述分析来看，家庭农场的纯收入受要素成本投入、农场主个体及家庭特征、基础生产条件、融资能力等诸多因素的影响，这些因素共同决定着家庭农场的生产经营水平、收益水平，进而影响家庭农场的可持续发展能力。考虑到家庭农场的适度规模性、生产引领性和农业生产的基本特征，以及家庭农场纯收入测度值的连续性和其影响因素的客观性、复杂性，本书构建了省级示范家庭农场收益影响因素多元线性回归模型，利用最小二乘法对各影响因素的作用参数进行估计，以探究影响家庭农场收益的影响因素有哪些以及这些影响因素的作用方向和作用程度如何。山东省省级示范家庭农场收益影响因素多元线性回归模型的表达式如下。

$$income_i = \beta_0 + \sum_{i}^{n} \beta_i x_{cost_i} + \sum_{i=1}^{n} \varphi_i x_{pers\,it} + \sum_{i=1}^{n} \tau_i x_{basi\,it}$$

$$+ \sum_{i=1}^{n} \theta_i \, x_{finc\,it} + \varepsilon_i \ (i = 1, \ 2, \ \cdots, \ n)$$

其中，$income_i$ 为被解释变量，指代家庭农场纯收入，衡量家庭农场的收益；β_0 为常数项；β_i、φ_i、τ_i、θ_i 分别为各影响因素的估计系数，ε_i 为随机扰动项。

$x_{cost_{it}}$ 为影响家庭农场收益的成本类因素。本书一共选取了两个成本类影响因素，分别为土地要素投入（$land\_value$）和农用机械投入（num_mach）。其中，家庭农场的土地要素投入用家庭农场土地租金总额/土地经营总面积来衡量，预期会对家庭农场的收益产生正向的影响。家庭农场的农用机械投入用农场所拥有的大型农用机械的数量来衡量，农用机械数量越多、农用机械要素投入成本越大，预期会对家庭农场的收益产生负向影响。

$x_{pers\,it}$ 为影响家庭农场收益的农场主个体及家庭特征因素。在农场主个体特征影响因素方面，本书选取了农场主的年龄（age）和文化水平（edu）两类指标。本书假设家庭农场主的实际年龄越大，其不能及时地把先进的生产技术和有效的市场工具运用到家庭农场的经营当中，对家庭农场收益产生负向影响；而家庭农场主的学历越高，预期会增加家庭农场的收益。在家庭农场主的家庭经营特征中，本书选取了社会认知（gov_friend）、经营规模（$land$）和社会关系（rel）三类解释变量。其中，本书假设家庭农场主自身或亲友是否在政府部门工作会对农场收益产生正向影响，而家庭农场租入土地数量越多，越有利于提高收益。同时，家庭农场主的亲友关系链数会对其收益带来正向作用。

$x_{basi\,it}$ 为影响家庭农场收益的基础条件因素，主要包括农用设施要素投入量（$sort\_fac$）和生产外溢性要素（$sort\_serv$）。其中，农用设施要素投入量用家庭农场农用设施的种类之和来衡量，本书假设农用设施要素投入量越大，越有利于提高家庭农场的收益；同时，用家庭农场为周边农户提供的服务种类数来代表生产外溢性要素，这会增加家庭农场主营业务外的其他收入，预期也会对家庭农场的收益产生正向影响。

x_{fincit} 为影响家庭农场收益的生产性融资能力类因素，主要包括融资渠道数量（num_fin）、社会化服务（coop）、政府扶持（support）、融资难易程度（loan）。其中，家庭农场的融资渠道越多，越有利于其获得农业生产经营的充足资金，提高农场收益。本书用家庭农场是否加入合作社来衡量其社会化服务的参与情况，预期会对家庭农场的收益产生正向影响。同时，用家庭农场获得的政府补贴金额来衡量的政府扶持力度，本书假设其有利于家庭农场收益的提高；而贷款的难易程度也预期会对家庭农场的收益产生正向影响，贷款越容易，越有利于家庭农场收益的增加。

第三节　本章小结

为了全面了解山东省省级示范家庭农场的收益状况与影响因素，本章结合调研数据进行了农场收益分析及影响因素分析的研究设计。

在对家庭农场收益的分析中有如下发现。

（1）省级示范农场总收入两极分化比较严重，农场之间的收入最大差距接近千万元量级，但从全省各地市农场经营收入均值来看，各地市差异性程度不大。此外，地区农场经营总收入标准差数据反映出该地区各农场的收入差距与该地区农场收益的总体稳定性。从该项指标可以看出，威海市农场经营总收入标准差最小，即该市各农场之间的收入差距最小，总体发展最为稳定；同理可以看出，滨州市各农场总收入差距最大，两极分化严重。

（2）在农场亩均总收入方面，整体上山东省农场亩均总收入水平较低，绝大多数地区亩均总收入不足 1 万元，甚至低于 2500 元，只有极少数家庭农场可以实现亩均总收入近 5 万元；从各地区来看，地区间的农场亩均总收入也存在不小的差距，总体上呈现从南向北逐渐递减的趋势。

（3）在农场经营纯收入指标中，绝大部分农场的收入处于中低水平，纯收入低于 100 万元，但其均值高于 15.99 万元的全国平均水平；从地区来看，烟台市各农场纯收入最稳定，临沂市各农场收入差距较大。在亩均纯收入方面，山东省各地市亩均纯收入整体不高，表现出由沿海向内陆递增的趋势。

基于以上对省级及各地区农场收益的分析，并结合本书第四章内容，本书在对影响家庭农场收益的四类影响因素进行分析时提出了相应的四类假设。其中，在每个假设中都相应地选取了合适的被解释变量与被解释变量，并具体地提出了每个解释变量对家庭农场收益影响的正负关系。

最后，本章基于多元线性回归模型提出了本部分的理论模型，后续将以该模型为基础使用实地调研数据进行实证分析，验证提出的假设，以探究家庭农场的影响因素。

第六章

省级示范家庭农场收益影响因素的实证分析

基于前文的理论分析、数据采集、模型建立，后文分三部分对家庭农场收益影响因素实证分析，即描述性统计、四类影响因素实证结论、家庭农场收益影响因素比较分析。

第一节 描述性统计分析

经问卷调研和数据整理，对各变量进行描述性统计，结果如表6-1所示。

表6-1　　　　　　变量的描述性统计分析

变量	样本量	均值	标准差	最小值	最大值
income	1046	51.97	102.01	-1800.00	818.00
land_value	1046	678.60	362.70	0	2000.00
num_mach	1046	2.42	3.27	0	30.00
age	1046	50.72	8.61	18.00	78.00
edu	1046	2.96	0.90	1.00	5.00

续表

变量	样本量	均值	标准差	最小值	最大值
gov_friend	1046	0.37	0.48	0	1.00
land	1046	451.80	532.90	0	4000.00
rel	1046	1.95	0.87	0	6.00
sort_fac	1046	4.59	2.00	0	10.00
sort_serv	1046	3.50	1.62	0	11.00
num_fin	1046	0.30	0.66	0	5.00
coop	1046	0.34	0.47	0	1.00
support	1046	6.29	18.92	0	281.30
loan	1046	2.67	1.19	1.00	5.00

如表6-1变量的描述性统计分析所示，被解释变量为家庭农场的收益（income），其均值为51.97万元，最小值为-1800.00万元、最大值为818.00万元，家庭农场的收益极差高达2618.00万元，存在较大差距。从实地调研来看，产生较大差异的原因有四方面：一方面是家庭农场规模差异大，样本中最小的家庭农场经营总面积为3.60亩，最大为10500.00亩；二是种植结构不同，相较而言，经营经济作物的利润更高；三是受灾情况存在差异，不同地区、不同作物对风险的承受能力存在差异；四是生产投入不同，部分农场当年投入高额机械、设施，使当年成本骤增。本书一共选取了两个关于家庭农场成本类因素的解释变量，分别为亩均土地租金（land_value）和5.00万元以上的农机具台数（num_mach）。其中，亩均土地租金（land_value）的均值为678.60元/亩，最大值为2000.00元/亩，标准差为362.70；5.00万元以上的农机具台数（num_mach）的均值为2.42台，最大值为30.00台，标准差为3.27。

在家庭农场主的个体特征中，选取了年龄（age）和学历（edu）两个解释变量。其中，农场主的年龄跨度比较大，年龄最大78.00

岁、最小仅18.00岁，农场主平均年龄50.72岁。文化水平方面均值为2.95，即平均受教育水平为高中。从个体特征来看，所选样本符合当前家庭农场的基本情况，总体来讲，农业生产上普遍存在劳动力年龄偏大、文化水平不足的现实情况。

在家庭农场主的家庭经营特征中，选取了是否自家及亲友在政府部门工作（gov）、土地租入面积（land）、与农场主关系（rel）三个解释变量。其中，亲友是否在政府部门工作的均值为0.37，即只有37.00%的农场主有亲戚或朋友在政府部门工作；土地租入面积的最小值为0、最大值为4000.00、均值为451.80，总体而言，家庭农场省级示范场的土地规模较大，与农场主关系中，最大值为6种、最小值为0种、均值为1.95。

在家庭农场基础条件类因素方面，本书一共有两个关于家庭农场基础条件类因素的解释变量，分别为农场经营设施种类（sort_fac）和农场为周边农户提供服务（sort_serv），变量农场经营设施种类的均值为4.59，标准差为2.00，最大值为10种，最小值为0种；变量农场为周边农户提供服务的均值为3.50，标准差为1.64，最大值为11种，最小值为0种。

首先，关于农场的生产性融资能力方面，农场通常选用的贷款种类数量为1—5种（排除未曾贷款的农场），其中92.07%的农场常用贷款方式为1—2种，7.93%的农场常用贷款方式为3—5种。且在有贷款经历的农场中，199个家庭农场认为贷款很困难，占比为18.88%；313个家庭农场认为贷款比较困难，占比为29.70%；247个家庭农场对贷款难度无法确定，占比为23.43%；227个家庭农场认为贷款比较容易，占比为21.53%；仅有68个家庭农场认为贷款很容易，占比为6.45%。由此可见，多数家庭农场主潜意识中，认为自己无法得到贷款，受需求型融资约束较为严重。其次，关于是否加入合作社方面，调研农场中加入合作社的占比为

34.16%，未加入的占比为65.84%，未加入合作社者居多。最后，关于农场获得政府补贴情况方面，在调研对象中未曾获得政府补贴的农场占比为54.50%，45.60%的农场表示曾以多种方式获得政府补贴。其中获得3.00万元及以下政府补贴的家庭农场的占比为72.80%，21.80%的家庭农场曾经获得30.00万元及以上的政府补贴。

第二节 实证检验结果及分析

一 实证结果总体描述

依据前文的理论分析进行模型构建，对所选指标进行多重共线性检验，其结果如表6-2所示。

表6-2 方差膨胀因子检验

变量	VIF	1/VIF
num_mach	1.24	0.81
land	1.19	0.84
age	1.18	0.84
sort_serv	1.15	0.87
edu	1.14	0.88
sort_fac	1.11	0.90
support	1.06	0.94
land_value	1.05	0.95
num_fin	1.05	0.95
coop	1.04	0.96
gov_friend	1.03	0.97
loan	1.02	0.98
rel	1.02	0.98
Mean VIF	1.10	

经检验，各变量方差膨胀因子均小于10，不存在多重共线性，检验通过。建立模型进行参数估计，所得结果如表6-3所示。需要说明的是，为避免不同家庭农场的生产结构对结论造成影响，本书以家庭农场主要农产品为依据，将家庭农场划分为粮食种植类、蔬菜种植类、果树种植类、其他经济作物种植类、家禽养殖类、大牲畜养殖类、小牲畜养殖类、渔业养殖类、其他特种经济动物养殖类，并将类别作为虚拟变量引入模型加以控制。

表6-3　　　　　　　　　实证检验结果

变量名	估计系数	标准误	t值	p值	95%置信区间
land_value	0.0145*	0.0087	1.6600	0.0970	[-0.0026, 0.0315]
num_mach	-2.7723***	1.0321	-2.6900	0.0070	[-4.7976, -0.7471]
age	-2.2209***	0.3890	-5.7100	0.0000	[-2.9841, -1.4576]
edu	6.4313*	3.6232	1.7800	0.0760	[-0.6785, 13.5411]
gov_friend	11.2784*	6.3956	1.7600	0.0780	[-1.2717, 23.8285]
land	0.0202***	0.0063	3.1900	0.0010	[0.0078, 0.0327]
rel	5.9519*	3.5323	1.6800	0.0920	[-0.9796, 12.8834]
sort_fac	3.1065*	1.6052	1.9400	0.0530	[-0.0433, 6.2564]
sort_serv	3.4120*	2.0039	1.7000	0.0890	[-0.5202, 7.3442]
num_fin	13.6400***	4.7092	2.9000	0.0040	[4.3991, 22.8809]
coop	13.7527**	6.5825	2.0900	0.0370	[0.8357, 26.6697]
support	0.5673***	0.1649	3.4400	0.0010	[0.2439, 0.8908]
loan	11.2740***	2.5692	4.3900	0.0000	[6.2325, 16.3154]
农场类型	控制	控制	控制	控制	控制
常数	48.8437**	24.3082	2.0100	0.0450	[1.1436, 96.5438]
F值	9.4800	Prob>F	0.0000	R^2	0.1085

注：***、**、*分别表示在1%、5%、10%的水平上显著。

二 家庭农场成本类因素实证分析

（一）亩均土地租金对农场收益的影响

从实证分析的结果来看，亩均土地租金（land_value）作为家庭农场生产经营的主要成本之一，在10%的显著水平上对家庭农场的收益具有正向影响，当亩均土地租金增加一个单位时，家庭农场的纯收入增加0.0145个单位。对小农户来讲，亩均土地租金的提高会显著增加农业生产经营的总成本，并对其收益产生负向影响。

但是，对于家庭农场而言，却表现出"当亩均土地租金增加一个单位时，家庭农场的纯收入增加0.0145个单位"。究其原因，家庭农场作为适度规模经营的主体，其生产经营的绝大部分土地都租赁于周边的农户或村庄，其中土壤条件、地理位置、租赁期限、灌溉设施等是决定土地租金的主要因素。具体来说，蓄水功能强、养分含量高的土地，其租金一般较高，但这种类型的土地有助于家庭农场获得更高的产出，进而提高收益；地理位置好、交通便利的土地，其租金一般也较高，但能够节约家庭农场的运输及管理费用，并为家庭农场发展旅游、观光农业提供便利条件；同时，租赁期越长，土地的租金越高，但越有利于家庭农场发展深加工、精加工农业，并在政策允许的情况下进行基础设施建设，进而实现家庭农场预期收益的增加；灌溉设施越完善，土地的租金越高，但家庭农场的农业生产遭受旱灾损失的风险会大大降低，有利于稳定生产经营、提高农场收益。因此，家庭农场土地要素成本的投入能够为家庭农场的生产经营提供基础性条件，有利于收益的提高。

（二）农业机械投入对家庭农场收益的影响

从参数估计结果可知，5万元以上的农机具台数（num_mach）对家庭农场的收益具有显著的负向影响，且通过了1%的显著性检验，估计参数为 -2.77。究其原因，有如下三点。

其一，在家庭农场其他要素投入不变的情况下，大型农用机械要素投入越多，家庭农场的生产经营成本会越高，在短时间内无法快速摊销要素成本，导致家庭农场的收益降低。

其二，对于规模较大的粮食种植类家庭农场而言，大型农用机械的投入会提高农业生产经营的机械化水平，进而提高生产经营效率、增加收益。但是，由于样本中的家庭农场涵盖养殖类、种植类、农产品加工等不同类型，并且各家庭农场的规模不一、位置不同，会导致各家庭农场对农用机械要素投入的依赖程度存在较大的差异。例如，养殖类、林果种植类、旅游观光类等家庭农场对大型农用机械的需求程度较低，其生产经营主要依靠人力资本投入和小型机械，如果在其他条件不变的情况下，过多地增加大型农用机械的要素投入，会显著提高家庭农场生产经营的总成本，进而降低收益。

其三，农业生产有弱质性、生产经营周期长的特点，单位时间内农用机械的损耗程度加大，导致其老化加快、使用寿命缩短，这在一定程度上加快了农用机械的折旧速度，增加了家庭农场的年度经营成本，进而对家庭农场的收益产生负向影响。

三 农场主个体及家庭特征类因素实证分析

（一）年龄和学历对家庭农场收益的影响

在家庭农场主的个体特征中，年龄（age）和学历（edu）对家庭农场的收益存在显著影响。从回归结果可以看出，农场主年龄与家庭农场收益存在显著的负相关关系，且通过了1%的显著性检验。一般来说，农场主的年龄越大，对于高新技术和新鲜事物的接受程度将会变低，不能及时地把先进的生产技术和有效的市场工具运用到家庭农场的经营当中,相比较年龄较小的农场主来说,将处于不利地位。所以,农场主的年龄越大家庭农场收益将会变低。回归结果显示,农场主学历与家庭农场收益呈现正相关关系,且通过了1%的显著性检验。一般来说,农场主的学历越高,会拥有更加丰富的专业知识技能,更容易理解和接受先进的生产方式和专业化的金融市场工具以促进和保障农业生产,稳定经营收入,所以,受教育水平越高的农场主在家庭农场经营时将会获得更高的经营收入。

(二) 租入面积对家庭农场收益的影响

在家庭农场主的家庭经营特征中,租入土地面积(land)对家庭农场的收益存在显著的影响。从回归结果可知,租入土地面积与家庭农场收益呈现显著的正相关关系,且通过了1%的显著性检验。究其原因:一是家庭农场经营的土地面积越大,规模就越大,产品输出量和市场供给量也就越大;其二,规模化的生产还可以有效地降低生产成本,形成规模经济,将显著提高企业竞争力,在行业竞争中占据有利地位。当然,生产规模的扩大是基于对生产预期的看好,从家庭农场主生产规模扩大的假设前提来看,生产规模的扩大在很大概率上会带来收益的提高。

(三) 农场主的家庭关系和社会关系对农场收益的影响

自家及亲友在政府部门工作与家庭农场收益存在显著正相关,且在10%的显著性水平下显著。一般来说,有自家及亲友在政府部门工作的农场主有着更强的政策感知能力和更加完全的信息优势,即这类农场主能够更加清晰地了解政策内容,把握行业发展方向,并且可以及时地根据自身经营状况改变经营策略,在最大程度上根据政府政策促进农场经营发展。所以,有亲友在政府部门工作的农场主将会获得更高的经营收入。

此外,农场主的关系网络对家庭农场收益具有显著的正向促进作用,并通过了10%的显著性检验。一般说来,农场主的关系网络在一定程度上体现出了农场主的人脉资源，农场主的关系越多样化，其人脉资源越广，在家庭农场的经营过程中越有可能获得更多的资金技术支持，将更加有利于家庭农场的经营，提高经营收入。

四 家庭农场基础条件类因素实证分析

根据模型的回归结果可得，在家庭农场基础条件类因素中，农场经营设施种类（sort_fac）、农场为周边农户提供服务（sort_serv）两个核心解释变量通过了显著性检验。其中农场经营设施种类（sort_fac）和农场为周边农户提供服务（sort_serv）对家庭农场收益存在正向影响，且都在10%的显著性水平上显著。

农场经营设施种类（sort_fac）的回归系数为3.1065，表明在调整了该变量与其他变量对农场收益的共线性影响后，农场经营设施种类每增加一个单位，农场收益平均增加3.1065。对于家庭农场来说，基础设施建设是家庭农场日常经营之要务，不同类型的家庭农场对不同种类的农用设施有需求，使用的农用设施种类也有多有少。但作为家庭农场，想要提高效益扩大规模主要是通过实施种植类多元化或者种养结合的方法，以此来增加收入。开展多类型的种植和养殖经营，代表使用的农用设施种类越多、越齐全，其生产的高效率和多元化经营就会带来比单一经营更高的收益。另外，农场经营设施类条件越好，表明农场抗自然风险能力就越强，有助于减少灾害损失，增加农场收益。因此，农业经营设施的使用种类越多，农场经营就会增加多方面的收益，从而总体收益也会增高。

农场为周边农户提供服务（sort_serv）的回归系数为3.4120，表明在保持其他变量不变的条件下，农场为周边农户提供服务每增加一个单位，农场收益平均增加3.4120。结果说明，家庭农场根据自身的条件设施为周边农户提供晾晒、农机农资、加工、销售等服务时，会增加家庭农场主营业务外的其他收入。当农场为周边农户提供的服务种类越多，其提供服务后所获得的收入也就越高。这部分收入也会使家庭农场的收入增加，因此家庭农场的总体收益也就越高。另外，能够向周边农户提供服务能力的家庭农场，其自身也具有非常好的农场经营能力，这个能力必然会转变为农场的收益。

五　生产性融资能力类因素实证分析

在国家政策的引导和大力支持下，越来越多的家庭农场注册成立并快速发展，资金需求与日俱增，融资难、融资贵成为困扰家庭农场可持续发展的重要难题。相较于一般小规模经营农户，家庭农场的金融需求随着规模化经营不断扩大，且融资额度较大，融资期限更为多元化。

（一）家庭农场融资渠道对其经营收益的影响

调查结果显示，家庭农场正规渠道融资需求的意愿较为强烈，但面临着银行贷款产品针对性弱、农场抵押物严重不足以及农业保险市场不完善等困境，从而形成供给型融资约束。家庭农场融资渠道数量对其经营收益表现出明显的正向显著影响，融资渠道数量增加一个单位，家庭农场经营纯收入增加 13.64 个单位，理论假设得以检验。一般来讲，正规金融机构拥有丰沛资金储备以备大额信贷，正规融资渠道可得数量越多的家庭农场，说明其金融素养越高，越能有机会获得较大数额的贷款，为家庭农场扩大规模、提升经营收益提供较好的金融支持。

（二）家庭农场融资难易程度对其经营收益的影响

从现有研究来看，学者将家庭农场融资难问题归因于农村信贷约束，并将农村信贷约束归因于农村正规金融机构的信贷排斥。但是，家庭农场信贷市场现状不是单方面决定的，作为信贷需求主体的家庭农场甚至更加重要。农场面临的融资容易程度对家庭农场收益表现出明显的正向显著影响，融资容易程度增加一个单位（融资容易方向），家庭农场经营纯收入增加11.27个单位，理论假设得以检验。通常情况下，融资难度相对较小的家庭农场受需求型融资约束的限制相对较小，其融资需求得以满足的概率较大，生产经营能够获得较好的资金保障。

（三）家庭农场参与社会化服务对其经营收益的影响

社会化服务方面，解释变量是否加入合作社（coop）对家庭农场收益产生正向影响，并在1%的水平上显著，通过了显著性检验。结果表明，其他条件保持不变的情况下，家庭农场加入合作社，农场收益更高。产生这种效果的原因主要有以下几点。

第一，合作社可为家庭农场培养素质高、技能强的人才及农资供应、信息、仓储等专业化服务，以克服家庭农场本身的弱质性问题和社会化服务滞后的问题，而家庭农场的加入也为合作社提供了外部强有力的支持，两者相互促进，从而提高家庭农场经营效益，提高家庭农场纯收入。

第二，目前家庭农场与合作社大多采取了场社合一、订立契约、成立公司农场或其他类型的企业等多种模式进行合作，并且取得了一定效果，这在很大程度上促进了家庭农场收入的增长。

第三，参加专业合作社利于减少总体信贷约束。加入合作社，能拓宽了解贷款信息的渠道，降低对农村正规金融市场的知识偏差。

（四）政策扶持对家庭农场经营收益的影响

政府扶持方面，政府扶持（support）对家庭农场收益存在显著的正相关关系，通过了10%的显著性检验。这表明在其他因素不变的条件下，政府对农场的扶持力度越大，农场的收益越高。就本研究的样本家庭农场而言，在投入一定的情况下，政府扶持每增加1个单位，家庭农场纯收入增加16.38个单位。政府补贴确实显著地提高了家庭农场的经营收益，或者说很好地实现了农民增收这一政策目标。从作用机理来看，政府补贴从两方面影响家庭农场收益。一方面，政府补贴减少家庭农场自身投入。补贴在投入当年直接增加家庭农场现金流，改善家庭农场经营。另一方面，政府补贴促使农场规模扩大，吸引其投入更多家庭劳动力，进而增加经营收入。

第三节 四类影响因素比较分析

为比较山东省家庭农场收益影响因素的影响程度，本书对数据进行标准化处理，并进一步进行实证研究。

一 数据标准化处理与分析

本书采用正规标准化处理方式，将所有变量按照如下公式进行标准化变换，前文中的变量表示为 $x_1, x_2, \cdots, x_n$，则有变换：

$$y_i = \frac{x_i - \bar{x}}{s} \tag{6-1}$$

其中，$\bar{x}$ 计算方式如下：

$$\bar{x} = \frac{1}{n}\sum_{i=1}^{n} x_i \tag{6-2}$$

s 的计算方式如下：

$$s = \sqrt{\frac{1}{n-1}\sum_{i=1}^{n}(x_i - \bar{x})^2} \tag{6-3}$$

所得标准化变量数值如表 6-4 所示。标准化处理后，新序列 $y_1, y_2, \cdots, y_n$ 均表示为均值为 0、方差为 1 的序列。通过这些无量纲序列建立的模型，其系数具有可比性。

表6-4　　　　　　　　　标准化变量数值统计

变量	std income	std land_value	std num_mach	std age
最小值	-18.0298	-1.8828	-0.7405	-3.8336
最大值	7.4563	3.6794	8.3968	3.2047
变量	std edu	std gov_friend	std land	std rel
最小值	-2.1838	-0.7692	-0.8573	-2.241
最大值	2.2794	1.2988	6.7809	4.6463
变量	std sort_fac	std sort_serv	std num_fin	std coop
最小值	-2.2992	-2.1526	-0.4617	-0.714
最大值	2.7014	4.595	7.0882	1.3992
变量	std support	std loan		
最小值	-0.3297	-1.3995		
最大值	14.4594	1.9392		

尽管表6-4中的标准化数据极差的差异比较大，但数据主体仍然处于区间为（-3，3）的相对集中的值域内，如图6-1所示。

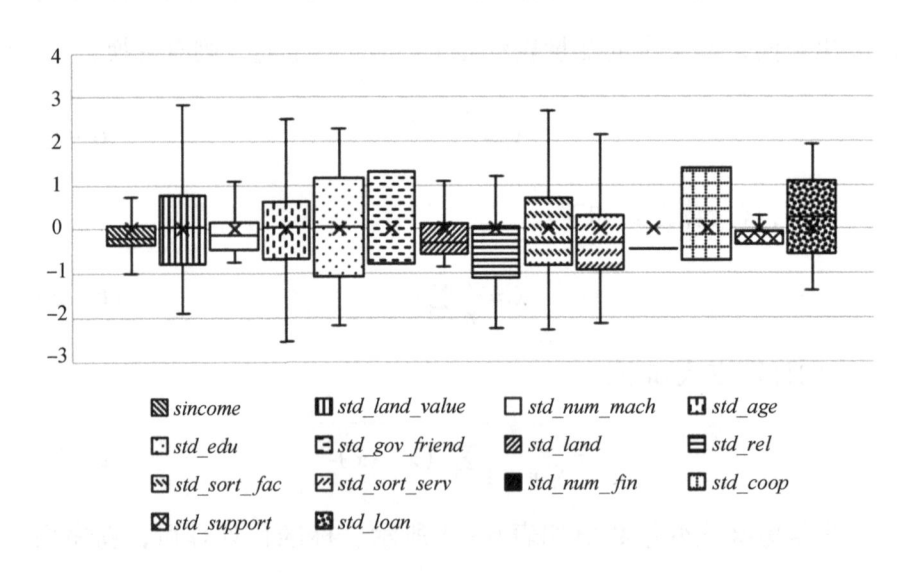

图6-1　标准化数据箱

二 标准化数据实证结果分析

从标准化后的实证结果来看，其显著性并未发生变化，所得标准化后的实证结果如表6-5所示。

表6-5　　数据标准化后的实证结果

变量	标准化系数	标准误	t值	P值	95%置信区间	
std land_value	0.0506*	0.0304	1.6600	0.0970	-0.0091	0.1104
std num_mach	-0.0886***	0.0330	-2.6900	0.0070	-0.1533	-0.0239
std age	-0.1843***	0.0323	-5.7100	0.0000	-0.2476	-0.1210
std edu	0.0561*	0.0316	1.7800	0.0760	-0.0059	0.1181
std gov_friend	0.0531*	0.0301	1.7600	0.0780	-0.0060	0.1122
std land	0.1032***	0.0324	3.1900	0.0010	0.0397	0.1667
std rel	0.0505*	0.0300	1.6800	0.0920	-0.0083	0.1093
std sort_fac	0.0605*	0.0312	1.9400	0.0530	-0.0008	0.1218
std sort_serv	0.0541*	0.0318	1.7000	0.0890	-0.0083	0.1166
std num_fin	0.0879***	0.0304	2.9000	0.0040	0.0284	0.1475
std coop	0.0634**	0.0303	2.0900	0.0370	0.0038	0.1229
std support	0.1050***	0.0305	3.4400	0.0010	0.0451	0.1649
std loan	0.1315***	0.0300	4.3900	0.0000	0.0727	0.1903
农场类型	控制	控制	控制	控制	控制	控制
常数	0.0000	0.0297	0.0000	1.0000	-0.0582	0.0582
F值	9.4800	Prob > F	0.0000	R^2	0.1085	

注：***、**、*分别表示在1%、5%、10%的水平上显著。

成本类因素包括亩均土地租金（std land_value）和5万元以上的农机具台数（std num_mach）两个因素。亩均土地租金（std land_value）在10%的显著性水平上对家庭农场的收益具有正向影响，当亩均土地租金增加一个单位时，家庭农场的纯收入增加0.0505个单位。5万元以上的农机具台数（std num_mach）通过了1%的显著性检验，对家庭农场的收益具有显著的负向影响，当农机具台数增加一个单位时，家庭农场的纯收入减少0.0086个单位。

农场主个体及家庭特征因素。农场主个体特征影响因素方面，本书选取了农场主的年龄（age）和文化水平（edu）两类指标。年龄（std age）通过了1%的显著性检验，对家庭农场的收益有显著负影响，是所有解释变量中系数最大的。年龄增一个单位，家庭农场的纯收入减少0.1843个单位。标准化学历（std edu）通过了10%的显著性检验，对家庭农场的收益具有正向影响。其增加一单位，家庭农场的纯收入增加0.0561个单位。在家庭农场主的家庭经营特征中，本书选取了社会认知（gov_friend）、经营规模（land）和社会关系（rel）三类解释变量。是否有亲友在政府部门工作（std gov_friend）因素在10%的显著性水平上对家庭农场的收益具有正向影响，当有亲友在政府部门工作这种家庭关系和社会关系每增加一个单位时，家庭农场的纯收入增加0.0531个单位。租入土地面积（std land）通过了1%的显著性检验，对家庭农场的收益具有显著的正向影响。当租入面积增加一个单位时，家庭农场的纯收入增加0.1032个单位。农场主的关系网络（std rel）在10%的显著性水平上对家庭农场的收益具有正向影响，农场主的关系网络每增加一个单位，家庭农场的纯收入增加0.0505个单位。

基础条件因素包括农用设施要素投入量（sort_fac）和生产外溢性要素（sort_serv）。农场经营设施种类（std sort_fac）在10%的显著性水平上对家庭农场的收益具有正向影响，当农场经营设施种类增加一个单位时，家庭农场的纯收入增加0.0605个单位。农场为周边农户提供服务（std sort_serv）在10%的显著性水平上对家庭农场的收益具有正向影响，当农场为周边农户提供服务增加一个单位时，家庭农场的纯收入增加0.0541个单位。

生产性融资能力类因素主要包括融资渠道数量（num_fin）、社会化服务（coop）、政府扶持（support）、融资难易程度（loan）。融资渠道数量（std num_fin）在1%的显著性水平上对家庭农场收益产生正向影响，融资渠道增加一单位，家庭农场的纯收入增加0.0879个单位。标准化加入合作社变量（std coop）在5%的显著性水平上对家庭农场收益产生正向影响，当其增加一单位，纯收入增加0.0634个单位。标准化政府扶持（std support）在1%的显著性水平上对家庭农场收益产生正向影响，政府扶持增加一个单位时，家庭农场的纯收入增加0.105个单位。融资难易程度（std loan）在1%的显著性水平上对家庭农场的收益产生正向影响，当融资难易程度增加一个单位时，家庭农场的纯收入增加0.1315个单位。

从家庭农场收益影响因素的影响力排序来看（见表6-6），年龄（std age）、贷款的难易程度（std loan）、政府扶持（std support）以及租入土地面积（std land）的标准化系数值都在0.1以上，这四个影响因素对家庭农场收益影响较为明显，其中，年龄（std age）与家庭农场收益呈负相关且影响最明显。5万元以上的农机具台数（num_mach）、融资渠道数量（num_fin）、是否加入合作社（coop）以及农场经营设施种类（std sort_fac）的标准化系数值为0.06—0.09，有一定程度的影响。学历（std edu）、农场为周边农户提供服务（std sort_serv）、亲友是否在政府工作（std gov_friend）、亩均土地租金（std land_value）以及与农场关系（std rel）的标准化系数值为0.05—0.06，对家庭农场收益的影响程度较小。从影响因素的类型来看，农场主个体及家庭特征类影响因素的累计影响力最高，达到0.4472，影响因素的平均影响力达到0.0894，由于家庭农场是以家庭经营为主，受家庭特征和个人理念影响相对较大。其次是生产性融资能力类影响因素，尽管该类因素0.3878的累计影响力不及农场主个体及家庭特征类影响因素，但影响因素的平均影响力是四类因素中最高的，达到0.0970。成本类影响因素和家庭农场基础条件类影响因素的影响力不及前两类因素，累计影响力分别为

0.1392 和 0.1146，因素平均影响力分别达到 0.0696 和 0.0573。

表 6-6　　　　　　　　家庭农场收益影响因素影响力排序

序	变量	变量含义	类型	标准化值
1	std age	年龄	农场主个体及家庭特征类	-0.1843
2	std loan	贷款的难易程度	生产性融资能力类	0.1315
3	std support	政府扶持	生产性融资能力类	0.105
4	std land	租入土地面积	农场主个体及家庭特征类	0.1032
5	std num_mach	5万元以上的农机具台数	偏内生性成本类	-0.0886
6	std num_fin	融资渠道数量	生产性融资能力类	0.0879
7	std coop	是否加入合作社	生产性融资能力类	0.0634
8	std sort_fac	农场经营设施种类	家庭农场基础条件	0.0605
9	std edu	学历	农场主个体及家庭特征类	0.0561
10	std sort_serv	农场为周边农户提供服务	家庭农场基础条件	0.0541
11	std gov_friend	亲友是否在政府工作	农场主个体及家庭特征类	0.0531
12	std land_value	亩均土地租金	偏内生性成本类	0.0506
13	std rel	与农场主关系	农场主个体及家庭特征类	0.0505

三　分类别数据标准化分析

不同类型家庭农场效率存在差异，相比较而言，含养殖的家庭农场效率最高，纯种植型家庭农场效率较低，且纯粮食种植家庭农场的规模效率低于纯技术效率，含养殖的家庭农场的纯技术效率低于规模效率。相较作物种植型家庭农场，养殖型家庭农场的收益更高，如果后者能够支付更高的土地流转租金，那么在比较效益、用地成本横向对比等因素的驱使下，大量土地将向养殖型家庭农场集中，诱发家庭农场的"非粮化"趋势。从这一角度看，影响因素对不同类型的家庭农场收益的影响力可能不同。因此本书按照家庭农场农业生产收入占比将家庭农场类型划分为种植类家庭农场和养殖类家庭农场，分别有904家和142家。将标准化数据分类别进行描述性统计，所得结果如表 6-7 所示。

表6-7　　　　　　　分类别标准化数据描述性统计

变量	种植类家庭农场 均值	标准差	最小值	最大值	养殖类家庭农场 均值	标准差	最小值	最大值
std land_value	-0.029	0.996	-18.030	7.456	0.216	1.007	-1.247	4.361
std num_mach	0.051	0.987	-1.883	3.679	-0.373	1.019	-1.883	2.289
std age	0.022	1.025	-0.741	8.397	-0.164	0.779	-0.741	4.133
std edu	-0.011	1.022	-3.834	3.205	0.081	0.820	-2.661	2.501
std gov_friend	-0.005	1.001	-2.184	2.279	0.039	0.995	-2.184	2.279
std land	-0.005	0.999	-0.769	1.299	0.038	1.013	-0.769	1.299
std rel	0.028	1.036	-0.857	6.781	-0.207	0.647	-0.857	4.558
std sort_fac	0.009	1.015	-2.241	4.646	-0.067	0.880	-1.093	2.351
std sort_serv	-0.042	0.989	-2.299	2.701	0.311	1.029	-2.299	2.701
std num_fin	0.016	0.980	-2.153	4.595	-0.118	1.131	-2.153	3.368
std coop	-0.007	0.993	-0.462	7.088	0.054	1.056	-0.462	4.068
std support	0.015	1.005	-0.714	1.399	-0.113	0.957	-0.714	1.399
std loan	-0.011	0.893	-0.330	12.027	0.082	1.580	-0.330	14.459
std land_value	-0.003	0.989	-1.400	1.939	0.019	1.084	-1.400	1.939

按照标准化数据对种植类家庭农场和养殖类家庭农场分别进行建模，所得结果如表6-8所示。

表6-8　　　　　　分类别数据标准化后的实证检验结果

变量	种植类家庭农场 系数	95%置信区间		养殖类家庭农场 系数	95%置信区间	
std land_value	0.0544	-0.0101	0.1188	0.1134	-0.0674	0.2943
std num_mach	-0.0950	-0.1627	-0.0273	-0.0268	-0.2565	0.2030
std age	-0.1799	-0.2462	-0.1136	-0.2810	-0.5032	-0.0589
std edu	0.0776	0.0110	0.1442	0.1067	0.0714	0.2848
std gov_friend	0.0394	-0.0238	0.1026	0.1137	-0.0556	0.2830
std land	0.1105	0.0447	0.1763	0.1522	-0.1266	0.4311
std rel	0.0568	-0.0052	0.1187	0.0695	-0.1209	0.2598

续表

变量	种植类家庭农场 系数	种植类家庭农场 95%置信区间		养殖类家庭农场 系数	养殖类家庭农场 95%置信区间	
std sort_fac	0.0490	-0.0173	0.1153	0.0460	-0.1357	0.2277
std sort_serv	0.0723	0.0045	0.1402	0.0116	-0.1545	0.1776
std num_fin	0.0713	0.0072	0.1354	0.1596	-0.0067	0.3259
std coop	0.0740	0.0107	0.1373	0.0514	-0.1279	0.2306
std support	0.1064	0.0345	0.1782	0.0889	-0.0222	0.2000
std loan	0.1119	0.0483	0.1754	0.2369	0.0807	0.3931
常数	-0.0333	-0.0956	0.0291	0.2851	0.0817	0.4886

由表6-7和表6-8可知，种植类家庭农场与养殖类家庭农场在各影响因素的影响方向上具有一致性，但影响因素间的重要程度存在差别，本书对种植类家庭农场和养殖类家庭农场收益影响因素的影响力进行了排序，如表6-9和表6-10所示。

从分类别数据标准化后的实证检验结果来看，对种植类家庭农场而言，年龄（age）、贷款的难易程度（loan）、租入土地面积（land）以及政府扶持（support）的标准化系数值都在0.1以上，对家庭农场收益的影响较为明显，其中，年龄（age）与家庭农场收益呈负相关且影响最为明显；5万元以上的农机具台数（num_mach）、学历（edu）、是否加入合作社（coop）、农场为周边农户提供服务（sort_serv）以及融资渠道数量（num_fin）的标准化系数值为0.07—0.10，对家庭农场有一定的影响，其中，5万元以上的农机具台数（num_mach）与家庭农场收益呈负相关；与农场主关系（rel）、亩均土地租金（land_value）、农场经营设施种类（sort_fac）以及亲友是否在政府工作（gov_friend）的影响程度较小。总体来看，生产性融资能力类的因素对家庭农场收益的影响较为明显，家庭农场收益的基础条件因素对家庭农场收益的影响较小。从种植类家庭农场收益的影响因素的类型来看，其累计影响力与总体模型类似，从高到低分别是农场主个体及家庭特征类影响因素、生产性融资能力类影响因素、成本类影响因素、家庭农场基础条件类影响因素，累计影响力值分别为0.4642、0.3636、0.1494、0.1213。但从平均影响力来看，农场主个体及家庭特征类影响因素和生产性融资能力类影响因素均超过0.09，分别为0.0928和0.0909，成本类影响因素和家庭农场基础条件类影响因素的平均影响力相对较低，分别为0.0747和0.0607。

表6-9　　　种植类家庭农场收益影响因素影响力排序

序	变量	变量含义	因素类型	标准化值
1	std age	年龄	个体及家庭特征类	-0.1799
2	std loan	贷款的难易程度	生产性融资能力类	0.1119
3	std land	租入土地面积	个体及家庭特征类	0.1105
4	std support	政府扶持	生产性融资能力类	0.1064
5	std num_mach	5万元以上的农机具台数	主体可控性成本类	-0.0950
6	std edu	学历	个体及家庭特征类	0.0776
7	std coop	是否加入合作社	生产性融资能力类	0.0740
8	std sort_serv	农场为周边农户提供服务	家庭农场基础条件	0.0723
9	std num_fin	融资渠道数量	生产性融资能力类	0.0713
10	std rel	与农场主关系	个体及家庭特征类	0.0568
11	std land_value	亩均土地租金	主体可控性成本类	0.0544
12	std sort_fac	农场经营设施种类	家庭农场基础条件	0.0490
13	std gov_friend	亲友是否在政府工作	个体及家庭特征类	0.0394

经过分析，亩均土地租金（std land_value）、年龄（std age）、亲友是否在政府工作（std gov_friend）、租入土地面积（std land）、融资渠道数量（std num_fin）、融资难易程度（std loan）六个解释变量回归系数较大，对养殖类家庭农场纯收入影响显著。从个体解

释变量来看，年龄（std age）的回归系数最大，为 -0.281，对养殖类家庭农场影响最显著；农场为周边农户提供服务（std sort_serv）的回归系数为 0.0116，影响最小。在解释变量类别方面，农场主个体及家庭特征类因素的影响最为显著。从养殖类家庭农场收益的影响因素的类型看，其累计影响力排序与总体模型类似，从高到低分别是农场主个体及家庭特征类影响因素、生产性融资能力类影响因素、成本类影响因素、家庭农场基础条件类影响因素，累计影响力值分别为 0.7231、0.5368、0.1402、0.0576。相较于种植类家庭农场，养殖类家庭农场在不同类别的影响因素间的差异较大，这种差异同样表现在平均影响力方面。从平均影响力来看，农场主个体及家庭特征类影响因素和生产性融资能力类影响因素均超过 0.13，分别为 0.1446 和 0.1342；成本类影响因素和家庭农场基础条件类型影响因素平均影响力相对较低，分别为 0.0701 和 0.0288。

表 6 – 10　　　　养殖类家庭农场收益影响因素影响力排序

序	变量	变量含义	类型	标准化值
1	std age	年龄	个体及家庭特征类	-0.2810
2	std loan	贷款的难易程度	生产性融资能力类	0.2369
3	std num_fin	融资渠道数量	生产性融资能力类	0.1596
4	std land	租入土地面积	个体及家庭特征类	0.1522
5	std gov_friend	亲友是否在政府工作	个体及家庭特征类	0.1137
6	std land_value	亩均土地租金	主体可控性成本类	0.1134
7	std edu	学历	个体及家庭特征类	0.1067
8	std support	政府扶持	生产性融资能力类	0.0889
9	std rel	与农场主关系	个体及家庭特征类	0.0695
10	std coop	是否加入合作社	生产性融资能力类	0.0514
11	std sort_fac	农场经营设施种类	家庭农场基础条件	0.0460
12	std num_mach	5 万元以上的农机具台数	主体可控性成本类	-0.0268
13	std sort_serv	农场为周边农户提供服务	家庭农场基础条件	0.0116

依据种植类家庭农场和养殖类家庭农场的估计系数及置信区间，其影响差异如图 6-2 至图 6-5 所示。其中圆点表示种植类家庭农场，菱形表示养殖类家庭农场。

从图 6-2 到图 6-5 可总结得出，影响种植类家庭农场纯收入的因素和影响养殖类家庭农场纯收入的因素存在一定的共同之处。具体而言，年龄（$std\ age$）对养殖类家庭农场纯收入和种植类家庭农场纯收入都是影响力度最大的解释变量，且对二者均为负向影响，这与前文图 5-13 所表示的结果具有一致性。融资难易程度（$std\ loan$）对养殖类家庭农场纯收入和种植类家庭农场纯收入影响显著，对二者均为正向影响，且影响力都居于第二位。租入土地面积（$std\ land$）对养殖类家庭农场纯收入和种植类家庭农场纯收入影响也较大，对二者的影响均排在前 5 位中。从影响类别上来说，农场主个体及家庭特征因素是对养殖类家庭农场纯收入和种植类家庭农场纯收入最有影响力的因素。相对而言，农场主的关系网络（$std\ rel$）、是否加入合作社（$std\ coop$）、农场经营设施种类（$std\ sort\_fac$）、农场为周边农户提供服务（$std\ sort\_serv$）对二者的影响相对较小。

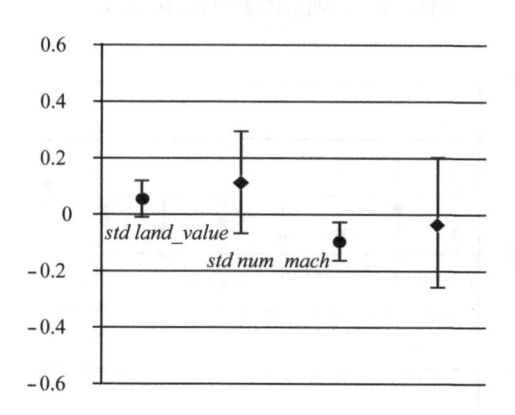

图 6-2 成本类因素影响差异

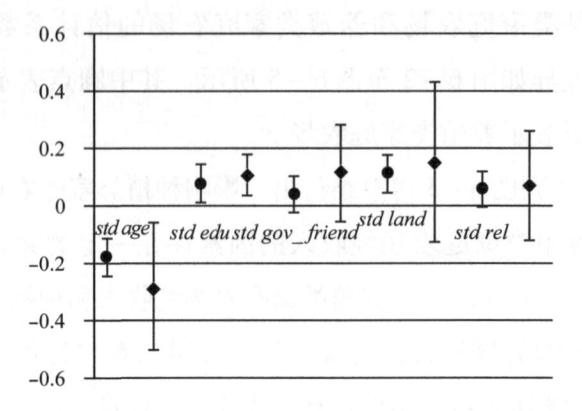

图 6-3　农场主个体及家庭特征类因素影响差异

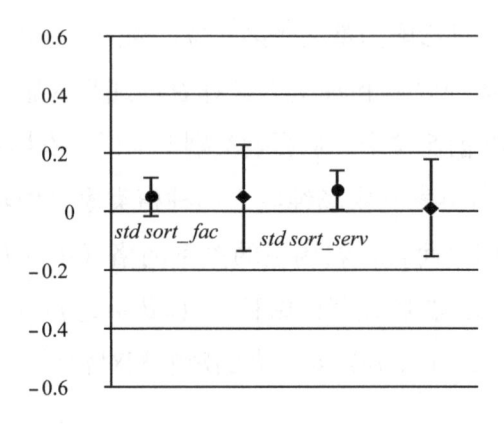

图 6-4　基础条件类因素影响差异

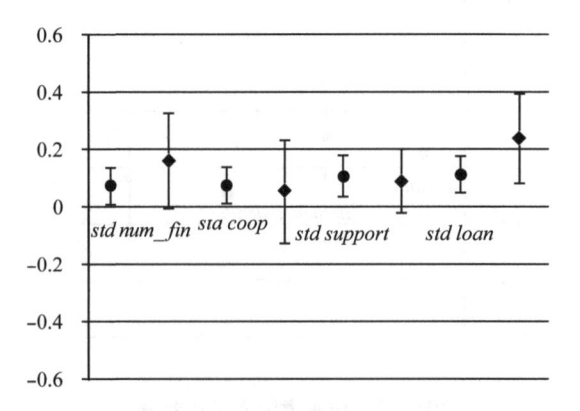

图 6-5　生产性融资能力类因素影响差异

从种植类家庭农场纯收入和养殖类家庭农场纯收入的影响因素差异角度进行分析可以看出，融资渠道数量（std num_fin）对养殖类家庭农场纯收入有较大的影响，但对种植类家庭农场纯收入的影响相对较小。这可能的原因是融资渠道多少在一定程度上也反映出家庭农场的避险能力和恢复再生产的能力，养殖类家庭农场的农产品生产风险高，同时产品价值较高，对融资渠道的依赖程度也相对较大。自家或亲友在政府部门工作（std gov_friend）对养殖类家庭农场纯收入有较大的影响，对种植类家庭农场纯收入的影响较小，家庭成员和亲友在政府工作反映的是家庭农场主对政策认知的及时程度，而出现这一现象的原因可能是，种植业政策尤其是粮食类农产品的政策比较稳定，相较而言，养殖业政策波动要大一些，政策来源相对更为重要。

第四节 本章小结

本章通过描述性统计和构建多元线性回归模型，着重分析了成本类因素、农场主个体及家庭特征类因素、家庭农场基础条件类因素和生产性融资能力类因素对家庭农场收益的影响，具体结论如下。

在成本类因素方面，亩均土地租金对家庭农场的收益具有正向影响。家庭农场土地要素成本的投入能够为家庭农场的生产经营提供基础性条件，有利于收益的提高，机械投入对家庭农场的收益具有负向影响，这和预期不同，主要因为在家庭农场其他要素投入不变的情况下，大型农用机械要素投入在短时间内无法快速摊销要素成本，将导致家庭农场的收益短期降低。

在农场主及家庭特征类因素方面，农场主的年龄和学历对家庭农场的收益存在显著影响。农场主的年龄越大，家庭农场收益将会变低，应该注重农场管理人员的年龄，引进年轻的人才，提高管理人员的素质。受教育水平越高的农场主在家庭农场经营时将会获得更高的经营收入。在家庭农场主的家庭经营特征中，租入土地面积、是否有亲友在政府部门工作和农场主关系链对家庭农场的收益存在显著的影响，且关系均为正向。

在家庭农场基础条件类因素方面，农场经营设施种类和农场为周边农户提供服务对家庭农场收益存在正向影响。

在生产性融资能力类因素方面，融资难易程度等变量均对家庭农场收益表现出明显的正向显著影响。通常情况下，融资难度相对较小的家庭农场受需求型融资约束的限制相对较小，其融资需求得以满足的概率较大，生产经营从而获得较好的资金保障，有利于改善家庭农场现金流量，从而提高收益。

家庭农场收益影响因素的影响力度不同，具体排序为年龄、贷款的难易程度、政府扶持、租入土地面积、5万元以上的农机具台数、融资渠道数量、是否加入合作社、农场经营设施种类、学历、农场为周边农户提供服务、自家或亲友在政府部门工作、亩均土地租金、与农场主关系。从影响因素的类型来看，累计影响力从大到小分别为农场主个体及家庭特征类影响因素、生产性融资能力类影响因素、成本类影响因素、家庭农场基础条件类影响因素；就平均影响力而言，依次为生产性融资能力类影响因素、农场主个体及家庭特征类影响因素、成本类影响因素、农场主个体及家庭农场基础条件类影响因素。

种植类家庭农场纯收入的影响因素和养殖类家庭农场纯收入的影响因素的影响力存在共同之处。具体而言，年龄、融资难易程度、租入土地面积对养殖类家庭农场纯收入和种植类家庭农场纯收入影响都较大，农场主的关系网络、是否加入合作社、农场经营设施种类、农场为周边农户提供服务对二者的影响都较小。从影响类别来看，农场主个体及家庭特征类因素是对养殖类家庭农场纯收入和种植类家庭农场纯收入最有影响力的因素。同时，这些影响因素也存在影响力差别。融资渠道数量、亲友是否在政府工作等因素的影响力在种植类家庭农场和养殖类家庭农场间存在较大差异。

第 七 章

省级示范家庭农场收益影响因素的交互效应分析

为了识别影响因素间相互作用给家庭农场收益带来的影响,本书在四类影响因素实证分析的基础上进行了交互效应分析。经建立模型检验,共识别出四组交互效应。由于两两交乘放于同一模型中会使变量间产生较大的共线性,导致估计有偏,本书分别建立四个模型论证交互关系。

本书所采用的数据,为2018—2020年采集的山东省省级示范家庭农场数据。由于每年审核和监测的农场样本不同,不适宜采用面板数据的分析方法。基于现有数据时间不同、个体不同的特点,本书相应选取了混合截面数据的多元线性回归。数据进行了定基调整,消除了时序差异,保证方法使用的严谨和科学。

第一节 家庭农场收益影响因素交互效应分析的必要性

家庭农场收益的各影响因素间存在相互联系,共同作用于家庭农场的收益。为了明确这种影响，尤其需要对变量间的交互影响进行识别。交互作用共识别四组影响，各组意义如下。

第一，根据研究结果，政府补贴金额对家庭农场贷款难度感知与家庭农场收益的关系具有调节作用，研究结果对推动家庭农场发展具有重要的现实意义。一方面，强化政策激励，积极开展家庭农场"首贷"、无还本续贷业务，增强金融承载力。"首贷"和无还本续贷业务是突破家庭农场信贷需求端约束的关键举措，而政府补贴是缓解家庭农场信贷难度感知的重要力量。因此，针对长期受限于信贷约束的家庭农场，政府应适时给予相应的补贴资金支持，以辅助家庭农场缓解信贷风险认知偏差、提升家庭农场风险承受能力。另一方面，针对异质信贷类型家庭农场特点，分层制定差异化政府补贴扶持政策。对于已经有过信贷经历的家庭农场，应根据其信贷记录信誉状况和信贷需求状况，通过差异化的政府补贴方式和补贴金额以引导不同信贷类型的家庭农场获得差异化信贷供给支持政策，提升金融服务效率。积极推广农村承包土地的经营权抵押贷款，支持农机具和大棚设施等依法合规抵押、质押融资，支持符合条件的新型农业经营主体通过债券和股权进行融资。

第二，交互效应可度量家庭农场为周边农户提供的服务种类数不同水平的效应变化，依赖于家庭农场获得的政府补贴金额的水平的程度。因此，通过交互分析，可以得到变量家庭农场获得的政府补贴金额对变量家庭农场为周边农户提供的服务种类数在不同水平上的影响程度，并探索出家庭农场为周边农户提供的服务种类数会在存在政府补贴的影响下有增加的变化，从而为家庭农场带来更多的收益。

第三，现实意义上，政府的财政补贴增加了家庭农场的生产资本，有利于农场主追加土地要素进而提升收益。随着土地要素的追加，农场越易获得更多的政府财政补贴以补充生产资本。这就表明，财政补贴和土地要素投入两个因素并不是独立影响家庭农场收入的。因此，将这两个因素构建交互项，进一步分析其影响家庭农场收入的内在机理。从模型结果得知，交互项系数显著为正，且在10%的水平上显著，说明土地要素投入对家庭农场收入正向促进作用还受到政府财政补贴的影响，政府补贴越多，土地要素投入对家庭农场收入的提升作用就越明显。

第四，土地要素投入和贷款难易程度对家庭农场收益的影响效用并非完全独立，两者之间存在一定程度的依赖关系。越容易获得贷款的家庭农场可能其土地要素的投入越大，土地要素投入越大的家庭农场可能其贷款越容易。进行两者的交互项分析，可以进一步得知两者对家庭农场的影响机理。从实证结果可以得知，土地要素投入与家庭农场贷款难度感知交互项系数为正且通过10%的显著性检验，这表明土地要素对家庭农场收益的边际效应受到贷款难易程度的影响，且贷款越容易，土地要素对家庭农场收益的正向影响越大，两者之间存在协同作用。

第二节　家庭农场贷款难度感知与政府补贴金额交互效应分析

一　交互效应检验

如表7-1所示，通过进一步的实证检验可以得知，解释变量家庭农场贷款难度感知（$loan$）和家庭农场获得的政府补贴金额（$support$）共同对被解释变量家庭农场收益（$income$）产生正向影响，且在5%的显著性水平上显著。

二 交互效应分析

调研数据结果显示，当前阶段家庭农场对于贷款难度感知较高，受长期制度性信贷配给约束限制、认知偏差或风险规避等因素的影响，家庭农场经营者对于正规渠道贷款普遍呈消极态度。关于上述问题，国内学者直接或间接地对此问题进行了研究：借入资金的预期收益率较低、非正规金融替代正规金融是农村需求型信贷约束产生的根源。除了正规金融机构的外部性约束，农户自身存在的认知偏差和行为偏差也是导致农户贷款困境的关键原因。针对当前阶段家庭农场经营面临的信贷约束问题，政府需要承担起相应的职能，发挥有为政府的作用，通过政府补贴等多种途径实现综合调整信贷资源配置的功效。因此，在实证模型中，将家庭农场贷款感知与家庭农场获得的政府补贴金额构建交互项，估计二者交互项对家庭农场经营收益的影响。

表7-1 家庭农场贷款难度感知与政府补贴金额交互效应分析

变量名	估计系数	标准误	t值	p值	95%置信区间
land_value	0.013181	0.008694	1.52	0.130	[-0.00388, 0.030241]
num_mach	-2.73099***	1.029859	-2.65	0.008	[-4.75189, -0.71008]
age	-2.19297***	0.388247	-5.65	0.000	[-2.95483, -1.43111]
edu	6.515636*	3.615038	1.8	0.072	[-0.57819, 13.60946]
gov_friend	10.55916*	6.38809	1.65	0.099	[-1.97626, 23.09458]
land	0.019797***	0.006334	3.13	0.002	[0.007367, 0.032226]
rel	6.23632***	3.526259	1.77	0.077	[-0.6833, 13.15594]
sort_fac	3.074605*	1.601542	1.92	0.055	[-0.06812, 6.217327]
loan	9.000077***	2.735704	3.29	0.001	[3.631775, 14.36838]
support	-0.21445	0.367508	-0.58	0.560	[-0.93561, 0.506719]
loan#support	0.354327**	0.148953	2.38	0.018	[0.062036, 0.646619]
coop	13.7809**	6.567473	2.1	0.036	[0.893479, 26.66832]

续表

变量名	估计系数	标准误	t值	p值	95%置信区间
num_fin	13.16631***	4.702621	2.8	0.005	[3.938306, 22.39432]
sort_serv	3.61142*	2.001031	1.8	0.071	[-0.31523, 7.538065]
农场类型	控制	控制	控制	控制	控制
常数	52.44987**	24.29979	2.16	0.031	[4.766129, 100.1336]
F值	9.3700	Prob > F	0.0000	R^2	0.1129

注：***、**、*分别表示在1%、5%、10%的水平上显著。

实证结果显示，家庭农场贷款感知与家庭农场获得的政府补贴金额的交互作用对家庭农场经营收益产生正向显著影响，二者交互作用每变动一个单位，家庭农场经营收益增长0.3543个单位。由此可见，家庭农场贷款难度感知与家庭农场获得的政府补贴金额之间的确存在相互作用、相互影响的关系，家庭农场贷款难度感知、家庭农场获得的政府补贴金额对家庭农场经营收益的影响要以对方为条件或基础。

三 政策启示

政府补贴除了可以影响要素投入，还可以影响金融资源在农业和非农部门的配置，进而实现政府补贴影响家庭农场的经营行为和收入的效果。政府的干预在特定历史时期可能起到一定的作用，然而由于政府自身的局限性（"寻租"的存在及政策不连续等），非但没有解决市场失灵问题，反而出现"政策性失灵"。虽然当前阶段暂未发现政府过度补贴造成的冗余问题，但是随着家庭农场不断发展壮大，制度环境的安排、政府补贴力度及方式也应发生相应的变化，需要不断调整助力家庭农场可持续发展。

第三节 提供服务种类数与政府补贴金额交互效应分析

一 交互效应的实证检验

如表7-2所示,通过进一步的实证检验可以得知,解释变量家庭农场为周边农户提供的服务种类数(sort_serv)和家庭农场获得的政府补贴金额(support)共同对被解释变量家庭农场收益(income)产生正向影响,且在5%的显著性水平上显著。

表7-2　提供服务种类数与政府补贴金额交互效应分析

变量名	估计系数	标准误	t值	p值	95%置信区间
land_value	0.0145*	0.0087	1.67	0.095	[-0.00254, 0.031542]
num_mach	-2.9254***	1.0335	-2.83	0.005	[-4.95346, -0.89735]
age	-2.1913***	0.3887	-5.64	0.000	[-2.95403, -1.42856]
edu	6.7366*	3.6213	1.86	0.063	[-0.36944, 13.84269]
gov_friend	11.5888*	6.3884	1.81	0.070	[-0.94718, 24.12471]
land	0.0198***	0.0063	3.12	0.002	[0.007362, 0.032247]
rel	5.6758	3.5300	1.61	0.108	[-1.25118, 12.60286]
sort_fac	3.1746**	1.6032	1.98	0.048	[0.028506, 6.320594]
loan	11.3393***	2.5657	4.42	0.000	[6.304624, 16.37398]
sort_serv	2.2247	2.0892	1.06	0.287	[-1.87491, 6.324369]
support	-0.1523	0.3995	-0.38	0.703	[-0.93627, 0.631729]
sort_serv#support	0.2578**	0.1304	1.98	0.048	[0.001882, 0.51372]
coop	13.9324**	6.5737	2.12	0.034	[1.032649, 26.83212]
num_fin	13.7944***	4.7031	2.93	0.003	[4.565472, 23.02336]
农场类型	控制	控制	控制	控制	控制
常数	50.1315	24.2821	2.06	0.039	[2.482533, 97.78055]
F值	9.1100	Prob > F	0.0000	R^2	0.1119

注：***、**、*分别表示在1%、5%、10%的水平上显著。

二 交互效应机理分析

由前文的实证结果可知,家庭农场为周边农户提供的服务种类数(*sort_serv*)对家庭农场收益的单独效应影响在10%的显著水平上显著,呈现正向影响关系。家庭农场获得的政府补贴金额(*support*)对家庭农场的收益的单独效应影响在1%的显著性水平上显著,同样呈现正向影响关系。结合本章实证结果可以得出,两个解释变量共同作用时对家庭农场收益(*income*)的影响不等于两个变量分别影响家庭农场收益(*income*)的简单数学之和。因此家庭农场为周边农户提供的服务种类数(*sort_serv*)和家庭农场获得的政府补贴金额(*support*)存在交互效应。

由实证分析可得,回归系数为0.257801,表明家庭农场为周边农户提供的服务种类数(*sort_serv*)对被解释变量家庭农场收益(*income*)的影响随着政府补贴的增加而增强。同时,显著性水平也有所提高。说明政府补贴对农场为周边农户提供的服务种类数有一定的影响作用,家庭农场可以利用自身的技术和基础设施条件为周边农户提供晾晒烘干、农机农资、加工、销售等不同类型的服务,这对于家庭农场拥有的技术先进性和良好的基础设施条件有一定的要求。政府补贴一方面可以作为家庭农场的一部分收入;另一方面,财政补贴从微观层面切实调动了家庭农场购买先进农业机械、学习先进技术的主动性,以此来提高家庭农场的收益,同时为家庭农场为周边农户提供更多种类的服务提供了良好的条件,产生了一定的促进作用。因此,在加入政府补贴这一变量后,两个解释变量共同对被解释变量家庭农场收益(*income*)的影响更为显著。

第四节 土地要素投入与政府补贴金额交互效应分析

一 交互效应检验

如表7-3所示，通过交互效应分析可知，土地要素投入（land_value）和家庭农场获得的政府补贴金额（support）共同对被解释变量家庭农场收益（income）产生正向影响，且在10%的显著性水平上显著。

二 交互效应机理分析

在前文的实证结果中，已经得知土地要素投入（land_value）对家庭农场收益的单独效应影响在10%的显著性水平上显著，呈现正向影响关系；政府补贴金额（support）对家庭农场的收益的单独效应影响在1%的显著性水平上显著，同样呈现正向影响关系。由此可以得出，两个解释变量共同作用时对家庭农场收益（income）的影响将存在交互效应。

由实证分析可知，土地要素投入与家庭农场获得的政府补贴金额的交互项系数为0.001106，这表明在其他投入要素不变的情况下，变量土地要素投入（land_value）对被解释变量家庭农场收益（income）的影响随着政府补贴金额的增加而增强。究其原因，主要从两方面考虑：一是当家庭农场获得政府补贴时，农场主将会加大对农业生产经营活动的资金投入，更多的机械设施、先进技术被运用到生产当中，从而提升单位土地产出；二是对土地要素的投入越多，家庭农场的经营规模越大，将会获得更多的政府补贴，从而进一步扩大土地生产要素投入，促使农场增产、增收。

表7-3　　　　　　　　土地要素投入与家庭农场获得的
政府补贴金额交互效应分析

变量名	估计系数	标准误	T值	P值	95%置信区间
land_value	0.0082	0.0093	0.87	0.383	[-0.01019, 0.026498]
support	-0.2444	0.4736	-0.52	0.606	[-1.17374, 0.684966]
land_value#support	0.0011*	0.0006	1.72	0.086	[-0.00016, 0.002367]
num_mach	-2.7372***	1.0314	-2.65	0.008	[-4.76113, -0.71335]
age	-2.1654***	0.3890	-5.57	0.000	[-2.92877, -1.40198]
edu	6.4081*	3.6308	1.76	0.078	[-0.71658, 13.53274]
gov_friend	10.7365*	6.4119	1.67	0.094	[-1.84568, 23.31866]
land	0.0152**	0.0060	2.53	0.012	[0.003418, 0.027002]
rel	6.0170*	3.5400	1.7	0.089	[-0.92966, 12.96362]
sort_fac	3.0404*	1.6087	1.89	0.059	[-0.11636, 6.197217]
sort_serv	2.5825	1.9831	1.30	0.193	[-1.30893, 6.473976]
num_fin	13.9582***	4.7171	2.96	0.003	[4.701854, 23.21453]
coop	11.7431*	6.5463	1.79	0.073	[-1.10288, 24.58899]
loan	11.0473***	2.5791	4.28	0.000	[5.986302, 16.10829]
农场类型	控制	控制	控制	控制	控制
常数	50.3844**	24.4440	2.06	0.040	[2.417687, 98.35112]
F值	9.02	Prob>F	0.000	R^2	0.1109

注：***、**、*分别表示在1%、5%、10%的水平上显著。

第五节　土地要素投入与贷款难度感知交互效应分析

一　交互效应检验

如表7-4所示，通过进一步的实证检验可以得知，解释变量土地要素投入（land_value）和家庭农场贷款难度感知（loan）共同对被解释变量家庭农场收益（income）产生正向影响，且在10%的显著性水平上显著。

表7-4　土地要素投入与家庭农场贷款难度感知交互效应分析

变量名	估计系数	标准误	t值	p值	95%置信区间
land_value	-0.0174	0.0208	-0.83	0.404	[-0.05821, 0.02347]
loan	3.4148	5.4126	0.63	0.528	[-7.20635, 14.03586]
c.land_value#c.loan	0.0117*	0.0071	1.66	0.097	[-0.00215, 0.025605]
num_mach	-2.7067***	1.0322	-2.62	0.009	[-4.73223, -.681154]
age	-2.0974***	0.3905	-5.37	0.000	[-2.86362, -1.33109]
edu	6.3395*	3.6311	1.75	0.081	[-0.78574, 13.46478]
gov_friend	10.5170	6.4186	1.64	0.102	[-2.07835, 23.11225]
land	0.0146**	0.0060	2.44	0.015	[0.00285, 0.026394]
rel	6.0296*	3.5405	1.70	0.089	[-0.918, 12.97725]
sort_fac	2.9976*	1.6079	1.86	0.063	[-0.1576, 6.152812]
sort_serv	2.6710	1.9843	1.35	0.179	[-1.22276, 6.564845]
num_fin	13.6854***	4.7217	2.9	0.004	[4.420025, 22.95085]
coop	11.1498*	6.5509	1.7	0.089	[-1.70509, 24.00458]
support	0.5104***	0.1644	3.11	0.002	[0.187882, 0.832915]
农场类型	控制	控制	控制	控制	控制
常数	64.4521**	26.6206	2.42	0.016	[12.21425, 116.6899]
F值	8.99	Prob > F	0.000	R^2	0.1106

注：***、**、*分别表示在1%、5%、10%的水平上显著。

二　交互效应机理分析

由前文的实证结果可知，变量土地要素投入（land_value）对家庭农场收益的单独效应影响在10%的显著性水平上显著，呈现正向影响关系。变量家庭农场贷款难度感知（loan）对家庭农场收益的单独效应影响在1%的显著性水平上显著，同样呈现正向影响关系。以此可以得出，两个解释变量共同作用时对家庭农场收益（*income*）的影响不等于两个变量分别影响家庭农场收益（*income*）的简单相加。因此，变量土地要素投入（*land_value*）和家庭农场贷款难度感知（*loan*）存在交互效应。

从实证结果来看，土地要素投入与家庭农场贷款难度感知交互项系数为正，p值为0.097，通过了10%的显著性检验。这表明在其他投入要素不变的情况下，两者一起对家庭农场的收益起到了促进的作用，从而进一步增加家庭农场经营收入。变量贷款获得的难易程度（*loan*）将会对家庭农产资产状况及结构好坏产生最直接的影响，越容易获得贷款的家庭农场，其可用于从事农业生产经营活动的资金越多，农业经营生产投入意愿越强烈，用于土地要素投入的资金也会增加，则从事该项生产经营活动的收益规模也就越大，所形成的规模经济就越明显，从而能够起到正向调节作用，促进家庭农场经营收益的增加。

第六节　本章小结

在识别了影响因素的基础上，本书关注了影响因素之间的交互效应。经建立模型检验，共识别出如下四组交互效应，分别是家庭农场贷款难度感知与政府补贴金额交互效应、提供服务种类数与政府补贴金额交互效应、土地要素投入与政府补贴金额交互效应、土地要素投入与贷款难度感知交互效应。政府财政补贴会影响资金要素、土地要素、技术要素在农村地区的资源配置，进而影响农场主对这些要素的投入决策，引起家庭农场经营收入的变化。与此同时，对技术要素的财政扶持，带动了家庭农场机械、设施的发展，家庭农场有能力为周边农业生产经营单位提供社会化服务，进而拓宽了家庭农场的经营收入渠道。

同时，研究还发现，土地要素的投入与贷款难度感知存在交互作用。在家庭农场租入土地扩大规模的过程中，需要大量的资金投入，当感知贷款越容易时，倾向于增大土地投入，进而提升家庭农场收入，反之亦然。

第八章

基于分类分析的提升省级示范家庭农场收益的政策建议

通过第四章对中国家庭农场收益的影响因素的经验认知和理论分析，第五章的调研分析，第六章的实证分析，以及第七章的交互效应分析，从降低家庭农场成本、提升农场家庭经营能力、改善家庭农场基础条件、缓解家庭农场信贷约束、提高生产性融资能力等角度，为推进家庭农场发展提出如下建议。

第一节 从土地要素和劳动力要素入手降低家庭农场经营成本

从第六章对家庭农场成本类因素的实证分析得知，土地投入要素与家庭农场收益呈现显著的正相关关系，农用机械设施种类数与家庭农场收益呈现显著的正相关关系。以上结论表明，盘活、增加土地投入，提升农机服务能力，对促进家庭农场发展有重要意义。

一 激发"三权分置"制度活力，增加土地要素可得性

优惠性土地流转政策需要进一步向家庭农场倾斜。改革开放以

来，中国土地流转已经经过了一个较长的过程。从改革之初的自发流转并受到严格限制，到后来法律法规允许乃至支持土地流转，数十年间中国农地的土地流转，从流转的数量、方式、对象、组织等各方面都发生了巨大的变化。与此同时，随着土地流转数量不断增加，新的问题逐渐出现，流转方式、流转对象也发生了改变，流转方式多以转包或出租为主，流转对象也从单一住户走向多元。家庭农场作为新兴经营主体，对土地的流转起到了推动作用。在此基础上培育出了各具特色的新型农场，种植类、养殖类、种养结合等多类家庭农场共同发展，生产经营规模不断扩大。可见，土地流转政策及土地流转活动对家庭农场发展起到了重要作用。为了促进和规范家庭农场发展，土地流转政策仍需进一步完善，优惠性措施还要进一步向家庭农场倾斜。

从信息化入手，促进土地流转有效、高效。现有研究表明，土地要素的可得性是影响土地要素投入的重要因素，同时对其也有很强的依赖性。现实中，由于中国土地资源相对贫乏，在流转市场上可流转的土地有限，由于信息不对称或价格等因素影响，有流转意向的农户找不到合适的承接方，而有需求的农场也难以获得理想价格的土地，所以造成了供需双方的交易不能顺利完成。所以，现行的土地政策即"三权分置"在系统性以及内容等方面加以完善，持续推动土地经营权流转有序，并使之趋向合理。构建和培育农村土地良性流转的市场机制，搭建并进一步完善土地流转的相关信息平台，努力增加信息的透明度和可信度，改变信息不对称的现状，为加快土地流转提供便利。增加土地流转信息在农业经营者之间的合理流动，提高土地流转农业经营者生产要素可得性，从而扩大土地生产规模。除此之外，减少流转费用、免征部分税费，对一定数量以上的流转规模的家庭农场进行流转补贴。

从实际出发，把控家庭农场土地要素的适度投入。土地要素投入可以实现家庭农场经营收益的增加，但这只是投入量上的效果。提高家庭农场土地要素的适度投入，还应合理控制能够通过市场内化和外化解决的土地流转成本。在主动或被动推进土地规模经营时不能简单地把"大"作为唯一标准，而应结合本地农村和农业社会发展、文化认知状况、资源禀赋水平，实现适度土地规模经营。既要按照国家和地方政府关于土地流转的相关政策和规定，规范土地流转市场，同时，也要充分考虑各地区资源禀赋、农业文化、社会认知、经济水平的不同，实行差别化的土地政策，避免政策的"趋同性""一致性"。

二 改善土地流转的内外部环境，降低土地流转成本

推动土地流转供需双方快速形成。具备一定的经营规模（包括土地、基础设施、劳动力用工）是家庭农场增收的重要前提。由于规模经济的存在，在其他条件不变的情况下，成本降低与经济效益提高实质上是一致的。因此从这个角度讲，农业经营规模的扩大有利于促进家庭农场增收。农业经营规模的扩大首先表现为土地经营规模的扩大，所以政府应积极改善土地有效流转的内外部环境，以利于农场适当扩大土地经营规模。为加快土地流转进度，提高其流转效益，对不再承包土地的农户政府可以根据当地的实际情况，给他们进行一次性补偿；同时，应加大非农产业的发展力度，促进三产的进一步融合。对土地规模小的农户，动员他们尽快将土地流转出去，实现大户或家庭农场的土地生产集中化、经营规模化。当然，随着家庭农场生产经营的组织化程度不断提高，规模不断扩大，激发家庭农场内生性力量，提高家庭农场自身的经营管理水平迫在眉睫。

促进土地流转的同时积极调控土地政策。国家应该加大力度积

极实施土地调控政策，尤其是有效调整主要土地政策工具，积极从宏观上进行调控，不仅要延长土地承包期，也要鼓励放弃承包权。完善土地市场建设尤其是农村宅基地市场，既要防止农村宅基地放开导致的财富膨胀，又要防止城镇化给农民施加的购房负担，并建立有效运行的法律保障体系。要适度下放土地许可审批权，一定程度上让各地探索和实施土地供应机制、价格政策。当然，应以严格控制土地流转非农化、非粮化为前提。对土地流转用途进行改革，农机局应严格把关，严厉制止农用土地用于非农建设，并进一步建立和完善土地流转的有关法律法规，依法维护和规范土地的正当流转。

三 增加必要农业机械投入，普及基础性生产农机配备

改革农机具购置补贴办法。前文的研究结果显示，农业机械投入对于提升家庭农场收益具有积极作用。随着各地对土地流转政策的落实，农业规模化、农业机械化的迅猛发展，其对减轻劳动强度、土地经营的规模效应快速显现，农业机械投入成为判定某一个区域农业现代化水平不可或缺的关键指标之一。毫无疑问，农业机械化是推动农业劳动力供给侧改革及国家粮食安全的重要物质条件。研究还表明，由于农业机械化主要应用于大田作物尤其是粮食作物，所以农业机械化是稳定粮食生产的重要手段。因此，应根据不同区域自然资源、种植养殖结构、农产品深加工程度，采取区域针对性策略，提升不同区域农业机械化程度和投入的产出效率。家庭农场是农业机械化的潜在和现实的需求者，应对家庭农场购买农业机械进一步加大补贴力度。此外，由于目前的购机补贴是按照农机具价格的一定比例进行补贴，体现不出规模经营，今后可探索按照谁种地、谁受益，按土地面积对农户或农场主补贴的原则，直接

补贴农业生产者,这样有助于提高农业机械应用的针对性,有助于提升财政资金使用效率。

多方面为农机具使用创造环境。为进一步提高农业机械化程度,一是在尊重家庭农场的经营主体地位基础上,政府还应规范和引导家庭农场申请成立农业生产资料合作组织。生产资料无论是结构相同还是不同,都有助于实行对农业机械的高额度投资、高效率使用,提高社会化服务水平。二是为提高农业机械使用效率,合作组织自身或借助政府推动,应该较深入进行农机手的农业机械技术培训。三是农业机械化水平的提升,不仅表现在机械拥有量方面,更主要体现在机械作业量方面,离开土地连片经营,农业机械化很难实现,因此应加强对土地的合理规划,为机械化作业创造条件。四是大力发展专业化农业,努力扩大生产规模,让农场主和农机专业户加强合作,进一步提高农机利用率和机械化水平,从根本上解决劳动力短缺的问题。

第二节 以技术服务、教育培训为主提升家庭农场经营能力

由前文的论述可以看出,家庭农场收益和农场主年龄呈明显负相关;农场主的文化程度、亲朋好友的社会背景、社会关系以及农场土地的规模等,有显著的正相关关系。由此,可以从提升人力资源素质的角度完善相关措施,促进家庭农场的发展。

一 多方面为农场经营提供服务,促进农场主技术水平提升

为使农场主能够有效实现土地规模经营,在现有基础上应进一

步提升知识水平及加大生产技术的培训，需要建立举办形式多样、内容丰富、多渠道的培训体系。一是对农场主开展科技内容较为实用又符合发展趋势的技术和农业教育。例如为了实现农业绿色生产，可加强对家庭农场的绿色技术指导，在化肥使用环节可帮助农场主做好测土配方施肥工作，实现科学合理施肥。二是在实现国家种子工程上，指导单个农场主科学选择品种，通过宏观调控做到区域内品种相对集中，并逐步向优质化发展。三是家庭农场集聚不可避免，可率先在家庭农场集聚程度较高的地方或者是镇域所在地，建设各类家庭农场服务中心，力争通过服务中心解决家庭农场产前、产中、产后问题，如集中化（工厂化）的育供秧、保鲜优储系统、大型烘干系统、品牌化包装工厂、销售平台等。四是鼓励并大力扶持有文化、有见识、懂专业的青年人从事农业生产，使其成为新型职业农场主，通过代际交替促进现代农业发展。

二 实施人才引进与培育计划

培育新型职业农民是激发家庭农场发展的内生性力量，这项工作需要多层次、长时间、循序渐进地推进。最为直接的方式是引导家庭农场发展合作经营，鼓励乡村本土能人、有返乡创业意愿和乡土情怀的外出农民工、优秀大中专毕业生和科技人员等人才回乡兴办家庭农场，参与家庭农场的建设，对家庭农场其他人员起到带头引领作用。加快培育出一批规模适度、生产集约、管理先进、效益明显的家庭农场，树立各地区家庭农场示范典型，提升家庭农场发展质量。

根据家庭农场生产经营需要，对生产的各个环节进行细致分工，引进生产、加工、销售各个环节的专业人员。聘用家庭农场职业管理人，加大对从事农业工作的人员补贴力度，吸引专业人才从事农业管理经营工作。

三 培育新型职业农民与农场主

加快发展面向农村的职业教育，提升农业专业职业院校教学能力，政府和学校共同努力，采取一系列校企合作、公费生培养的方式为乡村建设培养人才。家庭农场等新型农业经营主体可以整合资源建设一批实习基地，根据实际情况，支持农业院校和职业院校进行定向培养，并与之建立起合作关系，将毕业生作为人才引入家庭农场，为他们提供就业岗位。

对于人才的培养要做到全面培养、分类施策。围绕家庭农场发展需要，全面培养一批农业生产经营人才，从生产、加工、销售到管理的各个岗位进行有针对性的培养。形成家庭农场的高素质建设团队，进而实现"生产专业、加工深入、市场对接、销售畅通、管理科学、经营有效"的目标。

第三节　多方面改善家庭农场软硬件基础条件

一 优化农业经营设施补贴机制，推广并完善"以奖代补"

家庭农场投资建设基础设施的能力和意愿都不足。良好的家庭农场基础设施是家庭农场生产经营的必要条件，家庭农场的现代化生产需要现代化的农用设施来支撑。但是，受生产特性、经济条件、认知局限的影响，农业生产性基础设施不健全、不发达依然是现代农业发展的短板。现实中，不少家庭农场流转入土地后，由于种植结构、种植规模、经营方式的转变，农场主必须自行进行土地整理、通电铺路、打井修渠，这势必增加前期投入的费用，但后期某一时段又不可避免地遭受自然灾害等不可抗因素的影响，基础设施极易遭到破坏，再加上农场主对土地产权稳定性的担心，导致农场对基础设施的投入持有明显的不确定性。同时，不同类型的家庭农场还需要进行对不同农业经营设施的投入，如从事粮食种植业的家庭农场，需要额外对晾晒场、烘干室、仓库等设施进行资金投入；从事养殖业的家庭农场，则需要将大量的资金投入禽畜棚舍的建设；从事加工、销售的家庭农场，同样需要建设加工场所和农机库棚。对于家庭农场来说，良好的农业经营设施条件需要前期大量的资金投入，但大多数农户往往因为短时间内看不到收益且这种收益的不确定性，而选择放弃对农业经营设施的投资。同时，中国家庭农场的发展时间较短，大多数家庭农场还存在资金短缺的现象，无力承担农业经营设施所需要的投资。

创新财政补贴方式以支持家庭农场基础设施投入。中国家庭农场发展至今，一直从多方面努力探索支持和鼓励的措施，其中财政对家庭农场的支持是最主要手段。目前，产出和投入品补贴是国家财政支持家庭农场发展的主要方式。从效果来看，这种方式并不是合理的，国家财政应该对那些高产高效、基础设施建设完备、环境友好型家庭农场加大支持力度。这可以使他们从根本上直接受益，同时最大限度地不损害全社会福利。因此，中央乃至地方政府应积极支持家庭农场的基础设施投入和其他生产经营环节必需的建设、改造、提升，如加工、冷藏、物流等生产经营环节。也可以采取"以奖代补"的方式鼓励家庭农场主自行建设，最终奠定家庭农场长期发展的基础并产生积极的正效应溢出。

二 充分发挥家庭农场服务主体的功能，完善农业生产性服务市场

家庭农场服务周边既有助于降低自身成本，也有助于构建中国

农业服务供给格局。家庭农场作为当前和未来中国农业生产的主要主体，其在充分发挥生产功能、生产主体地位作用的同时，其在区域内的溢出效应也不应忽视，因此还需在一定程度上发挥其服务周边、服务行业的功能。这主要是由于中国劳动力市场和农机化服务市场发展尚不完善，家庭农场在投资决策时往往选择自己购买农业资产和设备。农业机械设备的不可分割性和农业资产的特殊性，导致了家庭农场生产经营中存在一定的农业设备生产能力过剩和其他生产力过剩。这种过剩反过来导致家庭农场的资本损失，从而增加了使用设备的平均成本。为了降低平均成本，家庭农场通常以各种方式利用农业机械和设备的剩余生产能力，例如向邻近的小农户和其他生产单位提供农业服务，以增加的收入稳定使用成本，获得收益。除了可以提升家庭农场自身的收益，家庭农场服务功能的发挥和新型农业服务主体地位的确立，对于中国构建主体多元、竞争充分、分工协作的新型农业服务供给格局具有重要意义。

政府支持家庭农场提供社会化服务。2021年的中央一号文件《中共中央 国务院关于全面推进乡村振兴加快农业农村现代化的意见》继续强调"大力培育新型农业经营主体和服务主体"。这其中，政府的支持对家庭农场提供社会化服务具有强有力的促进作用。通过本书的实证分析也证实了政府对家庭农场的补贴可以促进家庭农场为周边农户提供更多种类的服务。因此，政府应进一步加大对家庭农场支持的力度，增加对家庭农场经营设备和生产技术的补贴投入，在减轻家庭农场成本的同时鼓励其利用生产剩余带动周边农户和其他生产组织的发展，让国家和地方政府的优惠政策真正惠及家庭农场，进而使家庭农场作为生产主体和服务主体的功能得到强化，从而促进农业社会化服务体系的配套，完善农业生产服务市场，同时促进农业组织化、规模化、集群化的发展。

创新家庭农场的服务功能和正效应溢出的模式。家庭农场的服务功能和正效应溢出对农业生产性服务业发展有很大的促进作用，具体的服务业态或者模式有多种，如"家庭农场+农户"模式和"家庭农场+农户+生产性服务组织"模式。"家庭农场+农户"模式是家庭农场向周边农户提供服务，解决生产经营环节中普遍性或个性问题，从而实现增加普通农户的收入以及实现对普通农户的帮扶。"家庭农场+农户+生产性服务组织"模式是指，家庭农场（家庭农场注册的原身份有多种，有的是一定规模的农业企业）带领农户与其产前、产后的服务组织合作。这一方面实现了家庭农场的示范带动作用，另一方面促进了生产性服务组织体系内部的细化、专业化分工，同时还有利于农业产业链的拓展。

三 以市场化为主导，建设多元化农业社会服务格局

新型农业社会化服务体系虽然具有准公共物品性质，但由于其运行主体是市场主体，所以该体系建设要以市场化力量为主导。对于政府调控中心而言，作为服务主体，可充分发挥其比较优势，突出服务特色，建立进退有效的监管机制，也可通过财政资金引导实现服务资源优化配置。另外，在服务体系市场化建设过程中，要引导社会化服务内容的多元化，在现有以技术服务内容为主要方式的基础上，可加快向信息服务、营销服务、创业支持服务等多个领域拓展，实现农业社会化服务的两个转变——从关注提高农业生产力转变为关注提高农业全要素生产力，从关注生产环节转变为关注产业链的延长和衔接。

在建设农业社会化服务体系的过程中，在关注家庭农场等新型主体的同时，还应强化生产性服务主体、金融性服务主体（农商行）、科技性服务主体的服务功能和提升其服务水平。通过对服务方式和服务业态进行创新，在调控机制、服务主体方面形成比较完

备的服务格局和服务体系，为农业的现代化发展提供基础性、公益性、多元性的社会化服务架构。

四 提高家庭农场技术推广的针对性

提高农业技术水平、提升农业生产效率是农业技术现代化发展的重要任务，需要从改进农业生产技术措施、优化农业生产条件、提升农业管理技术以及培训农业生产劳动者和管理者等方面着手。基于科学技术是第一生产力的共识，家庭农场是现代农业科学技术和先进管理经验共同孕育的结果。农业技术的进步推动了农业生产的可能性区域与范围不断扩张，农业生产要素的组合比例发生变化。农业技术进步可以在土地经营规模不扩大的情况下，提高土地生产率；农业技术进步可以在劳动力不变甚至减少的情况下，扩大土地的经营规模，进而提高劳动生产率；农业技术进步可以提升现代农业生产要素的质量和功能、降低价格，从而降低农业生产成本；农业管理技术进步有助于生产者实现土地适度规模经营，并根据市场的变化趋势确定生产项目和生产时机以及生产组织形式和协作关系。

毫无疑问，家庭农场需要技术但并不一定知道需要什么技术，因此家庭农场亟须践行农业科技推广理念。组建农村科技服务队伍，深入实地开展调研工作，切实了解家庭农场在技术、生产和管理等方面存在的困境，深入剖析并总结家庭农场所需的技术与服务支持，才能更加精准地为家庭农场提供服务，从根本上为其解决科技服务中供需结构性错配的问题。

给家庭农场提供科技服务的前提是科技创新与转化，建立良好的科技服务体系和成果转化推广管理机制，是促进科技创新与转化的关键。要下大气力建立以农业科技企业为创新主体，以农业科技示范园区和生产基地为展示示范主体的市场力量主导的农业科技成果转化体系。在管理机制上，要整合农、科、教、企等现有科技推广资源，发展基层社会化农技服务组织，鼓励乡镇农技员积极参与农技推广组织网络，形成专家、技术人员、家庭农场互动的农业科技推广管理机制。

第四节 缓解家庭农场信贷约束，提升其生产性融资能力

金融支持是任何市场主体不可或缺的发展条件，健全金融市场、完善金融体系是提升家庭农场经营效率、壮大家庭农场经营规模的重要条件。由于农业受资源禀赋的约束大且生产周期长，加上家庭农场初期建设和后期运营的投入都比较大，且信用条件不充分，故长期以来存在融资难、融资贵的问题。因此，缓解家庭农场"融资难"，为其提供合适的金融市场环境是推动中国家庭农场优化发展的重要手段，具体可从拓宽融资渠道、创新信贷模式、优化融资环境入手。

一 鼓励金融机构向家庭农场提供融资便利

当前阶段，发展适度规模经营已经成为中国农业发展的一个选择。目前，中国的新型农业主体如家庭农场、专业合作社、农业龙头企业等约300万家，其中家庭农场占比最大。随着现代农业进一步发展，农业适度规模经营的占比有可能达到60%左右。这些新型经营主体（主体组织形式会相互转化）经济体量比较大，隐含的潜在金融需求也比较大，对各种形式的金融产品都有更大需求。另

外，这些新型农业主体的管理者大多数是新型农民、回乡创业者，他们有知识、有经营能力、有市场意识，是农村金融良好的参与者、合作者。因此，相关政府部门应完善金融机构面向新型农业经营主体的金融服务方式，提高金融服务水平，切实满足它们的金融需求，助力其可持续发展。

二 积极构建农村合作金融体系，实现与政府补贴功能互补

农村金融市场呈现"市场失灵"与"政策失灵"并存的局面。政府通过直接无偿给予货币资产的方式，扶持家庭农场等新型农业经营主体发展，如给予一般性发展资金补贴、补偿性收入和特殊项目专项补贴等。除了可以影响土地投入、资本投入和技术投入，政府补贴还可以通过影响金融资源在农业和非农部门的配置来影响家庭农场的资金投入，进而达到政府补贴影响家庭农场的经营行为和收入的效果。值得注意的是，政府的干预在特定历史时期可能起到一定的作用，由于政府自身的局限性（"寻租"的存在及政策不连续等），市场失灵非但没有解决，反而出现"政策性失灵"。政府为解决市场失灵问题而实施正式金融安排，但仍未能克服农村金融市场存在的问题，出现"政策性失灵"。虽然当前阶段暂未发现政府过度补贴造成的冗余问题，但随着家庭农场不断发展壮大，制度环境的安排、政府补贴力度及方式也应发生相应的变化。

积极发展合作金融。适度降低民间资本进入农村金融市场的门槛，允许符合条件的投资主体为农场提供金融服务，完善新型农村合作金融体系，发展新型农村合作金融组织，完善农村金融法律体系，为农村金融的健康发展提供法律保障。对家庭农场自发组织和创造的农村合作金融，可因势利导，加强监管，引导建立有效法人治理结构，争取发展成为独立运作的法人主体。

三 建立家庭农场多元化融资渠道

客观来讲，能够为家庭农场提供融资服务的渠道不少，但效果不好，现在仍需要在正规金融和非正规金融渠道上进行适应家庭农场需要的渠道再造。

在加强金融监管方面，让正规的金融机构和组织起到主力军作用，将线上渠道与线下渠道相结合，为农村发展提供全方位高质量服务。引导农商银行、农业银行、农业发展银行等主要涉农金融机构共享金融产品及服务创新，加大线上金融产品支持力度。

在非正规金融渠道上，对农村金融的重要补充的小额信贷公司，应给予大力培育和扶持，使之能健康快速地得到发展，为家庭农场的发展发挥应有的作用。针对目前农村民间借贷行为，不能完全否定，政府应加强引导与监管，为民间借贷的阳光化运营提供制度与规范保障。随着形势的不断发展，应积极探索家庭农场融资渠道和方式，比如由政府牵头设立农业证券公司，鼓励并引导家庭农场上市融资、公开或私募发债融资等。

四 构建家庭农场信用担保体系

现有担保体制下，当务之急是建立切实可行的家庭农场贷款融资资产抵押担保体系。一是探索家庭农场可货币化的相关基础设施以及农副产品订单和应收款项等当期利益与预期利益等物权性质标的作为合法担保物；探索土地经营权、林权、养殖权、商标权等非物权标的作为担保物，切实解决贷款融资缺少有效资产抵押的问题，建立并完善"家庭农场＋担保机构＋银行"的多层次贷款模式。二是完善农村地区担保机构建设，在现有政策性农业担保公司基础上，支持家庭农场通过股份合作等成立互助性担保公司。信用等级评定是信用担保的前提，建立家庭农场信用等级评定体系是实施信用担保政策的重要环节。可通过实施统一授信制度，规避信用风险，从技术上削减家庭农场融资过程中的逆向选择风险。鼓励给家庭农场提供金融服务的部门开展家庭农场信用等级评定，对不同信用等级的家庭农场在贷款优先顺序、利率高低上区别对待。

此外，为确保信用等级评定的真实性，应注重加强家庭农场财务管理水平的提升，科学规范会计核算制度，真正为家庭农场信贷提供有效的支持。

五　建立并完善家庭农场保险支持体系

农业保险是一种金融手段，其目的是分散农业风险，缓解自然灾害、市场与社会风险因素对家庭农场带来的损失，提高家庭农场抵御风险的能力。由于农业保险具有准公共产品的属性，存在高成本、高风险和正外部溢出等特征，农业保险难以完全依靠市场独立运行，需要政府的支持与引导，亟须探索并建立政府引导型政策性农业保险与商业保险相结合的市场模式。

2007 年中国开始实行农业保险财政补贴政策，补贴品种主要涉及小麦、玉米、水稻、奶牛、能繁母猪等关乎国计民生的农产品。2019 年 5 月 29 日经中央全面深化改革委员会第八次会议审议并原则同意的《关于加快农业保险高质量发展的指导意见》，对中国农业保险的今后发展提出了增品、提标、扩面的要求与目标。鉴于此，今后在继续挖掘政策性保险潜力的基础上，要鼓励商业性保险公司扩充农业保险险种，扩大农业保险的覆盖范围。按照"以险养险"的原则，创新并发展农户人身保险、农用设施保险等多样化的保险险种。建立并完善再保险和巨灾分担机制，分担农业保险机构的风险。

第五节 本章小结

基于影响因素分类视角增加家庭农场收益的政策建议，可以从以下四个方面入手。

一 降低家庭农场成本的政策建议

一是加强土地要素合理配置，降低土地流转成本。加强农村土地规模经营管理，一方面，不仅要结合当地经济社会发展状况，还要考虑当地自然资源状况、经营主体的经营状况等，适当进行土地经营规模规划管理，避免单纯以"大"为管理标准，应以"落实土地集体所有权、稳定农户承包权、搞活土地经营权"为切实要求。另一方面，充分考虑各地经济发展和资源禀赋的异质性，因地制宜实施差异化的土地政策。减少流转费用、免征部分税费，对一定数量以上的流转规模的家庭农场进行流转补贴。二是推进土地有效流转，引导适度规模发展。一方面应着力发展其他产业，鼓励小规模农户进行土地流转；另一方面还应构建农村土地流转市场来整合生产要素，并在此基础上完善土地流转信息平台。随着家庭农场生产经营的组织化程度不断提高、规模不断扩大，激发家庭农场内生性力量，提高家庭农场自身的经营管理水平迫在眉睫。三是引导家庭农场配备必要生产性机械，实现基础机械普及运用。在已有政策基础上，探索创新体制机制，形成一种新的思路，即按照谁种地谁获益的准则，将农业机械购置补贴转变为土地经营面积补贴。

二 提升农场主个体及家庭经营管理水平的政策建议

一是提高农户知识水平，建立多层次农民培训体系。新时代背景下，提升农民的知识文化水平，是实施乡村振兴战略、推进社会主义新农村建设的重要途径。通过增加投资的方式，加大对农民的知识结构、科学技术水平及生产技术的培训，进而形成多种形式相结合、渠道丰富的新型培训体系。在家庭农场集聚程度较高的地方建设家庭农场服务中心，为家庭农场提供产前、产中、产后全方位立体化服务，如集中化（工厂化）育供秧、中心机库、大型粮食烘干、粮食保鲜优储系统、粮食品牌化包装工厂、销售平台等。二是实施人才引进计划。一方面加大对从事农业工作的人员补贴力度，吸引专业人才从事农业管理经营工作。另一方面，鼓励各类人才兴办家庭农场，鼓励乡村本土能人、有返乡创业意愿和乡土情怀的外出农民工、优秀大中专毕业生和科技人员等人才回乡兴办家庭农场。三是培育新型农民。培育新型农民是激发家庭农场发展的内生性力量，最为直接的方式是充分挖掘乡村能人、乡村企业家、返乡大学生等村内现有人才，参与家庭农场的建设。同时，通过教育培训的方式在家庭农场或村庄内部培育一批新人才。

三 改善家庭农场基础条件的建议

一是优化农业经营设施补贴机制，逐步推广"以奖代补"。良好的家庭农场基础设施是家庭农场生产经营的必要条件，家庭农场的现代化生产需要现代化的农用设施来支撑。但是，大多数农户往往因为短时间内看不到收益且这种收益的不确定性，而选择放弃对农业经营设施的投资。同时，中国家庭农场的发展时间较短，大多数家庭农场还存在资金短缺的现象，无力承担农业经营设施所需要的投资。目前，在保持财政支持家庭农场的发展侧重于产出补贴和投入品补贴工具基础上，可以探讨支持家庭农场的基础设施，包括家庭农场加工、冷藏、物流等环节在内的重点环节的建设。二是充分发挥家庭农场服务主体的作用，加快促进农业生产性服务市场的完善与发展。家庭农场的服务功能可以极大地推进农业生产性服务业实现变革，家庭农场不断地为周边农户提供各项服务，形成"家庭农场+农户"的生产发展模式，有利于提升小规模农户的收入水平，实现对农户的帮扶。三是实施对家庭农场具有针对性的技术推广。其一，充分认识农业技术进步对家庭农场收益的重要影响。其二，在家庭农场模式下，农村科技服务队伍以家庭农场为单位，深入实地调查家庭农场的技术需求。在推广组织上，整合现有科技推广资源，利用新媒体和数字化平台，集聚起各方力量，尽快建立起公益性农技推广机构。

四 提升家庭农场综合生产性融资能力的建议

一是发挥市场配置金融资源的决定性作用，实现与政府补贴功能互补。对家庭农场贷款难度感知与家庭农场获得的政府补贴金额的交互作用进行实证检验分析的结果表明，政府为鼓励家庭农场等新型农业经营主体生产经营，会为其资助无偿性货币资产，政府补贴通过影响土地投入、资本投入和技术投入，成为影响家庭农场经营成效的主要因素。此外，政府补贴还可以影响家庭农场的资金投入，其方式是通过影响金融资源在农业和非农部门的配置形式。二是建立家庭农场多元化融资渠道。一方面发挥正规金融机构的主力军作用，引导农商行、农业发展银行等主要涉农金融机构支持家庭农场；另一方面是发展非正规金融机构，适当降低民间资本进入农村金融市场的门槛，发展新型农村合作金融组织。三是构建家庭农场信用担保体系，探索家庭农场农副产品订单、仓单等物权性质标的和土地经营权、林权、养殖权、商标权等非物权性质标的作为合法担保物，解决家庭农场贷款融资缺乏有效资产抵押问题。四是完善家庭农场保险支持体系，鼓励商业性保险公司适当扩大农业保险的覆盖范围，扩充农业保险的险种，建立并完善再保险和巨灾分担的体制机制，分担农业保险机构的风险。

第九章

研究结论与讨论

第一节 研究结论

本书分析了家庭农场发展的理论基础，中国家庭农场的发展历史并进行了政策梳理，采用2018—2020年山东省省级示范家庭农场数据，运用描述性统计和构建多元线性回归模型，着重分析了成本类因素、农场主个体及家庭特征类因素、家庭农场基础条件类因素和生产性融资能力类因素对家庭农场收益的影响，并进行了交互效应分析，研究结论如下。

（1）农业家庭经营具有极强的适应性和极为多样化的表现形式，所以不同的社会制度都能够适用，并且对于生产环境和物资要求极低。

在家庭农场中，主要的劳动力来源于家庭，通过与机械、信息等多种技术手段结合，实现了有效的规模化生产，数量众多的家庭农场就形成了产业集群化的现代化农业。家庭农场保留了农户家庭经营的内核，坚持了现代农业发展方向，丰富了中国农业经营制度的内涵。以血亲关系为基础的家庭和以契约关系为基础的企业是两种基本的生产组织形式。农业生产以家庭为主要组织形式是由家庭的社会经济特性和农业的产业特点所决定的，家庭最佳利益共同体的特性决定了家庭经营的动力是偏内生性的，且创造力全部用于生产性的努力，而不用于分配性的努力；家庭成员在性别、年龄、体力、技能上的差别有利于劳动分工和劳动力及劳动时间的最佳组合。农业产业本身具有明显的外部性、天然的生产和交易的弱质性以及信息不对称性，对家庭农场经营收益有明显影响。同时，家庭农场的经营意愿、成本收益、组织规模不仅受到政策环境、经济形势、气候变化等不可控的外生性因素影响，更强烈地依赖于农场主及其家庭的自身特性与投入特性等影响因素。

（2）中国长期以来支持家庭农场发展。当前，中国农业生产主要采取的是以家庭经营为基本需求的多种经营方式相结合的形式。家庭农场是家庭经营的组织形式之一，2013年是中国家庭农场发展过程中的一个重要时间节点。

通过整理1983—2021年国家有关家庭农场的政策文件可以发现，政策作为国家政府指导工作最为直接的方式，为家庭农场的发展指引方向，也是家庭农场得以发展的政策性指导规范。现有政策的着力点是指导开展家庭农场登记并完善家庭农场体系；助力家庭农场农产品深加工，实现产业延伸、产业融合；创新家庭农场经营方式，实现多元发展；实施财政、金融、税收等多项政策，促进家庭农场发展，推进现代农业经营体系建设。

（3）从偏内生性角度讲，影响中国家庭农场收益的要素主要包括成本、农场主及家庭特征、家庭农场基础条件和生产性融资能力四大类。

第一类，在成本分析中，成本主要分为土地要素成本、劳动力要素成本、农用机械要素投入成本及农用设施要素投入成本，土地租金过高会使家庭农场经营的土地面积无法达到适度规模经营，从而降低家庭农场的总收益。劳动力要素投入、农用机械要素投入、农业设施要素投入都有助于扩大经营规模，增加农场收益。

第二类，在农场主及家庭特征分析中，农场主的学历对家庭农场经营收益起到决定性作用。当一个家族中有成员属于政府公务员的情况下，能使农场收益增加。

第三类，在家庭农场基础条件对家庭农场收益影响的研究中，劳动力雇用量、大型农机具数量、农用设施种类数和农场为周边农户提供的服务作为四个核心分析因素。劳动力数量越充足、农机具投入数量越大、农用设施种类越齐全、生产外溢性程度越高，家庭农场的收益就会越高。

第四类，在家庭农场生产性融资能力分析中，家庭农场是否能够更好地发展在很大程度上取决于融资水平。首先，农村金融有效供给不足使信贷配给问题严重，随之而来的高昂融资成本降低了农场生产性融资能力，影响农场收益。其次，信息不对称、逆向选择、道德风险的存在势必会提高银行贷款利率，进而降低了农场融资的可获得性，使农场收益受到影响。再次，经营年限已经成为金融机构评价农场还款能力的重要指标之一。农场的经营年限越长，则生产性融资能力越强，越有利于增加家庭农场收益。另外，家庭农场通过与其他经营主体合作可实现社会资本的提升，一定程度上增强其自身生产性融资能力。最后，政府扶持可以从多方面综合提升家庭农场的生产性融资能力，为其实现可持续性发展进而增加经营收益提供有力保障。

(4) 山东省省级家庭农场的平均收益不高，地区差距大，需要研究影响因素。

一是省级示范农场总收入两极分化比较严重，农场之间的收入最大差距接近千万元量级，但各地市差异性程度不大。从地区农场经营总收入标准差数据来看，威海市农场经营总收入标准差最小，即该市各农场之间的收入差距最小，总体发展最为稳定。同理，滨州市各农场总收入差距最大，两极分化严重。

二是山东省农场亩均总收入水平整体上较低，绝大多数地区亩均总收入不足 1 万元，甚至低于 2500 元；从各地区来看，地区间的农场亩均总收入也存在不小的差距，总体上呈现从南向北逐渐递减的趋势。

三是绝大部分农场的纯收入处于中低水平，纯收入低于 100 万元，但其均值高于 15.99 万元的全国平均水平。从地区来看，烟台市各农场纯收入最稳定，临沂市各农场收入差距较大。

四是山东省各地市亩均纯收入表现出由沿海向内陆递增的趋势。

基于以上对省级及各地区家庭农场收益的分析，本书在对影响家庭农场收益的影响因素分析时提出了相应的四类 13 个假设，每一个假设中都相应地选取了合适的解释变量与被解释变量，并具体地提出了每个解释变量对家庭农场收益影响的正负关系。考虑到家庭农场的适度规模性、生产引领性和农业生产的基本特征，以及家庭农场纯收入测度值的连续性和其影响因素的客观性、复杂性，本书构建了省级示范家庭农场收益的影响因素多元线性回归模型，利用 OLS 最小二乘法对各影响因素的作用参数进行估计。

（5）通过描述性统计和构建多元线性回归模型，分析成本类因素、农场主个体及家庭特征类因素、家庭农场基础条件类因素和生产性融资能力类因素对家庭农场收益的影响结论。

一是在成本类因素方面，亩均土地租金对家庭农场的收益具有正向影响，机械投入对家庭农场的收益具有负向影响。

二是在农场主及家庭特征类因素方面，农场主的年龄越大，家庭农场收益将会变低；受教育水平越高的农场主在家庭农场经营时，将会获得更高的经营收入。在家庭农场主的家庭经营特征中，租入土地面积、是否有亲友在政府部门工作和农场主关系链对家庭农场的收益存在显著的影响，且关系均为正向。

三是在家庭农场基础条件类因素方面，农场经营设施种类和农场为周边农户提供服务对家庭农场收益具有正向影响。

四是在生产性融资能力类因素方面，融资难易程度等变量均对家庭农场收益表现出明显的正向显著影响。通常情况下，融资难度相对较小的家庭农场更容易改善家庭农场现金流量，从而提高收益。

（6）影响家庭农场收益的影响因素中存在着交互效应。

在影响家庭农场收益的影响因素中存在着交互效应，分别是家庭农场贷款难度感知与政府补贴金额交互效应，提供服务种类数与政府补贴金额交互效应，土地要素投入与政府补贴金额交互效应，土地要素投入与贷款难度感知交互效应。

交互效应的作用机理是，政府财政补贴会影响资金要素、土地要素、技术要素在农村地区的资源配置，进而影响农场主对这些要素的投入决策，引起家庭农场经营收入的变化。对技术要素的财政扶持，带动了家庭农场机械、设施的发展，家庭农场有能力为周边农业生产经营单位提供社会化服务，进而拓宽了家庭农场的经营收入渠道。

研究还发现，土地要素的投入与贷款难易程度感知存在交互作用。在家庭农场租入土地扩大规模的过程中需要大量的资金投入，当感知贷款越容易时增大土地投入，进而促进家庭农场收益。

（7）基于影响因素偏内生性视角增加家庭农场收益的政策建议。

一是通过加强土地要素合理配置，降低土地流转成本；推进土地有效流转，引导适度规模发展；引导家庭农场配备必要生产性机械，实现基础机械的普及运用，降低家庭农场的成本。

二是通过提高农户知识水平,建立多层次农民培训体系;实施人才引进计划;挖掘乡村能人、乡村企业家、返乡大学生等村内现有人才,参与家庭农场的建设,提高农场主个人和家庭素质,激发家庭农场发展的内生性力量。

三是通过优化农业经营设施补贴机制,逐步推广"以奖代补";发挥家庭农场服务主体的功能;实施对家庭农场具有针对性的技术推广,完善农业生产性服务市场,改善家庭农场基础条件。

四是通过发挥市场配置金融资源决定性作用,实现与政府补贴功能互补;发挥正规金融机构的主力军作用,为家庭农场提供融资保障,构建多元化家庭农场担保方式,各种种植和养殖的产品均可以成为担保物作为抵押,构建科学的融资路径,建立再保险和巨灾分担机制,分担农业保险机构的风险,综合提升家庭农场生产性融资能力。

第二节 不足之处

在本书的研究过程中,由于能力和时间有限,存在严谨性不足、科学性不够等问题。在今后的工作学习中,还需要针对家庭农场收益这一研究主题进行更加深入和全面的分析。本书的不足有如下几点。

第一,因为能力有限,同时加上工作导致精力不足,在研究家庭农场类型的过程中没有针对多个省份、多个地区展开更好的对比,这些都是需要在今后的工作中加以改进的地方。

第二,当前中国针对家庭农场收益方面的研究不够全面,并且相关的统计方法不够科学,缺乏充分的数据支撑,理论研究中缺乏案例辅助。

第三节 需要讨论的问题

家庭农场是中国现代农业发展的组织形式，它以血亲关系为基础，家庭最佳利益共同体的特性决定了家庭经营的动力是偏内生的。另外，家庭农场经营可以与不同的所有制、不同的社会制度、不同的物质技术条件、不同的生产力水平相结合。这些都充分证明了家庭农场在中国农业现代化发展中的重要地位，也决定了家庭农场在今后相当长时间内的历史地位和美好前景。但是，家庭农场能否快速发展在根本上还是取决于它本身的内在活力和发展产业的驱动力，其中关键的驱动力是农场收益。家庭农场的经营收益不仅受到政策环境、经济形势、气候变化等不可控外生性因素的影响，更强烈地依赖于农场主及其家庭的影响因素。所以，本书研究了家庭农场收益的影响因素，分析了影响因素的交互效应，并据此提出了政策建议。

本书除了对家庭农场提高收益具有指导意义，还对其他新型农业经营主体具有指导意义。家庭农场这种新型农业经营主体具有与其他经营主体相类似的特征。例如，家庭农场与专业大户都以家庭经营为主，家庭农场在产业融合方面的特征与农民合作社、产业化龙头企业相类似。因此，本书所研究的四类核心影响因素的结论能够有效推广到其他主体。例如，农场主个体及家庭特征类影响因素的结论可推广到专业大户的农业生产中，成本类、融资能力类、机械设施类的影响因素则可推广到合作社与龙头企业当中。

本书回答了与家庭农场收益相关的影响问题，相关的研究结论在前文已经着重阐述，深入研究之余，仍有相关问题需要进一步探讨。

其一，本书的研究对象是山东省省级示范家庭农场，从主体、经营、业务、财务等各方面看，省级示范家庭农场的数据信息相对完整，基于数据分析得出的结论相对客观，由此提出的政策建议对发展省级示范农场具有指导性意义。但是，家庭农场中的绝大多数属于普通农场，其数据的获取难度大，格式化数据少，研究起来难度大，但普通家庭农场毕竟是家庭农场的大多数，影响其收益的因素如何？各因素之间是否存在交互效应？作用机理如何？对政策有何启示意义？这些问题仍需要基于调研和数据进行有针对性的研究。

其二，影响家庭农场收益的影响因素并不是独立的，即使分析了各因素之间的交互效应，也只是基于影响因素内部。事实上，影响家庭农场收益的外生性因素也非常值得研究。外生性因素对影响因素的影响机理是什么？影响因素如何减少外生性因素的负面影响？外生性因素的考量如何优化已有的政策建议？这些问题仍需要讨论和研究，尤其需要考虑外生性因素的内生性问题。

其三，主营业务不同的家庭农场收益的影响因素是不一样的，从结论的准确性角度、对策建议的针对性角度，需要就种植业、养殖业、混合经营的家庭农场分类研究影响收益的因素，同时研究外生因素的内生化问题。

参考文献

一 中文文献

曹铁毅、王雪琪、邹伟：《经营规模、农业技术培训与家庭农场收入——基于江苏省的调查》，《农业现代化研究》2020年第2期。

曹志立：《中国农地产权政策变迁中的国家政策叙事研究》，博士学位论文，吉林大学，2019年。

常倩：《基于效益与质量提升的肉羊产业组织运行机制研究》，博士学位论文，中国农业大学，2018年。

车晓军、赵连均、齐殿军：《对金融支持家庭农场发展的调查与思考》，《华北金融》2014年第9期。

陈金兰、胡继连：《粮食生产类家庭农场获利能力分析——以山东省70个家庭农场样本为例》，《中国农业资源与区划》2020年第7期。

陈军民、李勇超主编：《家庭农场经营与管理》，中国农业科学技术出版社2014年版。

陈军民：《新制度经济学视角下家庭农场的生成及运行效率研究——基于河南省的调查》，博士学位论文，沈阳农业大学，2017年。

陈培磊、郭沛：《金融支持家庭农场发展的现实障碍、国际经验及实现路径》，《亚太经济》2020年第4期。

陈卫东：《金融扶持家庭农场经济发展的实证研究——基于荆州市

首批121个家庭农场的调查》,《武汉金融》2013年第9期。

陈德仙、黄中伟:《制度环境对家庭农场的影响研究:一个文献综述》,《经济体制改革》2019年第6期。

邓道才、唐凯旋、王长军:《家庭农场借贷需求和借贷行为的影响因素研究——基于安徽省168户家庭农场的调研数据》,《宁夏社会科学》2016年第4期。

丁建军、吴学兵:《家庭农场经营规模及其效益的影响因素分析——基于湖北省荆门市66家种植类示范家庭农场的调查》,《农业经济》2016年第10期。

丁忠民、雷俐、刘洋:《发达国家家庭农场发展模式比较与借鉴》,《西部论坛》2016年第2期。

[法] 杜尔哥:《关于财富的形成和分配的考察》,唐日松译,华夏出版社2007年版。

冯海发:《对农民家庭经营方式理论定位的思考》,《中国农村经济》1999年第4期。

付剑茹、吴程灵:《家庭农场、资金需求紧迫与借贷渠道——基于背景风险和家庭农场特征的实证分析》,《金融理论与实践》2019年第5期。

傅强:《浅议农民素质对其收入的影响》,《甘肃科技纵横》2009第2期。

高强、刘同山、孔祥智:《家庭农场的制度解析:特征、发生机制与效应》,《经济学家》2013年第6期。

郜亮亮、杜志雄、谭洪业:《家庭农场的用工行为及其特征:基于全国监测数据》,《改革》2020年第4期。

郜亮亮:《中国种植类家庭农场的土地形成及使用特征——基于全国31省(自治区、直辖市)2014—2018年监测数据》,《管理世界》2020年第4期。

顾建洲:《农业的出路在于发展中国特色的家庭农场》,《学海》1994年第4期。

关付新:《华北平原种粮家庭农场土地经营规模探究——以粮食大省河南为例》,《中国农村经济》2018年第10期。

关付新:《我国现代农业组织创新的制度含义与组织形式》,《山西财经大学学报》2005年第3期。

郭欢欢:《重庆市土地租赁户农作物选择机制及其对粮食安全的威胁》,《中国土地科学》2014年第2期。

郭家栋:《中国家庭农场典型模式的比较研究》,《学习论坛》2017年第7期。

郭树华、裴璇:《新型农业经营主体融资影响因素分析》,《经济问题探索》2019年第11期。

郭熙保、吴方:《家庭农场经营规模、信贷获得与固定资产投资》,《经济纵横》2020年第7期。

韩柱:《农机合作社运行原则及其经营机制——以内蒙古达茂旗金创农机合作社为例》,《农业工程》2012年第9期。

何学松、孔荣:《金融素养、金融行为与农民收入——基于陕西省的农户调查》,《北京工商大学学报》(社会科学版)2019第2期。

何郑涛、彭珏:《家庭农场契约合作模式的选择机理研究——基于交易成本、利益分配机制、风险偏好及环境相容的解释》,《农村经济》2015年第6期。

胡文玲、闵继胜:《政府补贴、资产专用性与农业经营锁定研究——以安徽省铜陵市义安区L家庭农场为例》,《沈阳农业大学学报》(社会科学版)2020年第1期。

胡筱亭:《家庭农场发展与金融支持策略研究——以上海松江家庭农场为例》,《农村金融研究》2013年第12期。

胡忠:《国营农场发展职工家庭农场是个历史性创造》,《中国农村经济》1985年第1期。

黄大勇:《农业机械化服务对家庭农场的作用机理——一个理论分析框架》,《吉首大学学报》(社会科学版)2020年第5期。

黄玛兰、李晓云、游良志:《农业机械与农业劳动力投入对粮食产出的影响及其替代弹性》,《华中农业大学学报》(社会科学版)2018年第2期。

黄仕伟、王钰:《中国特色家庭农场:概念内涵与阶段特征》,《农村经济》2014年第10期。

黄延廷:《我国农地规模经营中家庭农场优势的理论分析》,《改革与战略》2011年第5期。

纪志耿、黄婧:《拥有什么条件才能成为家庭农场主——经营规模测算及自立能力分析》,《农村经济》2014年第6期。

姜丽丽、仝爱华:《家庭农场信贷需求及信贷约束影响因素的实证分析——基于宿迁市宿城区306家家庭农场的调查》,《农村金融研究》2017年第7期。

解文芳:《我国家庭农场发展现状及对策》,《乡村科技》2020年第36期。

金建明:《农业机械化发展要走农机合作社之路》,《农业开发与装备》2016年第3期。

金贞姬、徐健、宋成林:《家庭农场发展与科技进步及政策支持研究——基于青岛市种植业家庭农场的调查》,《林业经济》2016年第12期。

孔桂玲:《北镇市农机合作社发展分析》,《农业科技与装备》2016年第2期。

孔祥智主编:《农业政策学》,高等教育出版社2014年版。

来晓东、杜志雄、郜亮亮:《加入合作社对粮食类家庭农场收入影响的实证分析——基于全国644家粮食类家庭农场面板数据》,

《南京农业大学学报》（社会科学版）2021年第1期。

兰勇、周孟亮、易朝辉：《我国家庭农场金融支持研究》，《农业技术经济》2015年第6期。

冷冬梅：《农机合作社规范管理的途径分析》，《农业科技与装备》2012年第4期。

李东亮：《江川农场家庭农场挂帐情况的调查分析》，《国营农场经济研究资料》1986年第14期。

李宏伟：《农村金融改革突破口》，《中国金融》2018年第1期。

李恺、李崇光：《农村劳动力收入水平与农村人力资源开发实证研究》，《经济问题探索》2005年第1期。

梁月、杨立社：《家庭农场信贷需求影响因素实证分析——基于许昌市230个样本的调查》，《广东农业科学》2014年第20期。

林鸿等：《人口素质与农民收入的相关性分析——以四川省农村为例》，《四川农业大学学报》2007年第2期。

林万龙、孙翠清：《农业机械私人投资的影响因素：基于省级层面数据的探讨》，《中国农村经济》2007年第9期。

刘朝臣、鲍步云、汪上：《突破农民素质瓶颈，实现农村经济可持续发展》，《高等农业教育》2005年第3期。

刘灵辉、田茂林、李明玉：《土地流转对家庭农场经济效益的影响研究——基于四川、湖北、江苏、山东336户家庭农场的调研》，《河北经贸大学学报》2020年第5期。

刘萍、孙福：《基于DEA的黑龙江省农机专业合作社投资效率分析》，《黑龙江农业科学》2013年第1期。

刘奇：《构建新型农业经营体系必须以家庭经营为主体》，《北方农业学报》2013年第8期。

刘启明：《家庭农场内涵的演变与政策思考》，《中国农业大学学报》（社会科学版）2014年第3期。

刘同山、孔祥智：《加入合作社能够提升家庭农场绩效吗？——基于全国 1505 个种植业家庭农场的计量分析》，《学习与探索》2019 年第 12 期。

刘同山、徐雪高：《政府补贴对家庭农场经营绩效的影响及其作用机理》，《改革》2019 年第 9 期。

刘文勇、张悦：《家庭农场的学术论争》，《改革》2014 年第 1 期。

刘文勇、张悦：《农地流转背景下的家庭农场研究》，中国人民大学出版社 2015 年版。

刘秀琴、蔡洁、刘成文：《农业产业特性及其对农业企业组织结构性维度特征的影响》，《华南农业大学学报》（社会科学版）2012 年第 4 期。

刘中升、陈骐、冯宗邦：《改善农村金融体系促进家庭农场发展》，《宏观经济管理》2018 年第 8 期。

楼栋、孔祥智：《新型农业经营主体的多维发展形式和现实观照》，《改革》2013 年第 2 期。

路征等：《我国家庭农场发展特征及其金融需求状况分析——基于对 3 市 424 个家庭农场的入户调查》，《农村金融研究》2016 年第 12 期。

吕惠明、朱宇轩：《基于量表问卷分析的家庭农场发展模式研究——以浙江省宁波市为例》，《农业经济问题》2015 年第 4 期。

麻吉亮、孔维升、朱铁辉：《农业灾害的特征，影响以及防灾减灾抗灾机制——基于文献综述视角》，《中国农业大学学报》（社会科学版）2020 年第 5 期。

马华等：《中国式家庭农场的发展》，社会科学文献出版社 2015 年版。

马历等：《中国县域农业劳动力变化与农业经济发展的时空耦合及其对乡村振兴的启示》，《地理学报》2018 年第 12 期。

农业部农村经济体制与经营管理司、中国社会科学院农村发展研究所编著:《中国家庭农场发展报告(2017年)》,中国社会科学出版社2017年版。

潘红、张日新:《网络信贷为家庭农场融资点明新思路》,《人民论坛》2016年第25期。

钱龙等:《雇工成本对家庭农场规模扩张的影响》,《中国人口资源与环境》2019年第12期。

钱忠好、李友艺:《家庭农场的效率及其决定——基于上海松江943户家庭农场2017年数据的实证研究》,《管理世界》2020年第4期。

屈学书:《我国家庭农场发展问题研究》,博士学位论文,江西财经大学,2014年。

任雪莹:《家庭农场发展的历史沿革及政策分析》,《中国集体经济》2017年第20期。

尚旭东、朱守银:《家庭农场和专业农户大规模农地的"非家庭经营":行为逻辑、经营成效与政策偏离》,《中国农村经济》2015年第12期。

申云等:《农地使用权流转价格的影响因素分析——来自于农户和区域水平的经验》,《中国农村观察》2012年第3期。

沈茹、王树进:《家庭农场社会化服务需求及其影响因素分析——基于安徽省水稻种植户的调查数据》,《湖南农业大学学报》(社会科学版)2014年第6期。

施庚宏、施本植:《我国农业劳动力剩余测度及其影响因素分析》,《湖北社会科学》2021年第4期。

史亚荣、何泽荣:《城乡一体化进程中的农村金融生态环境建设研究》,《经济学家》2020年第3期。

司海平等:《基于逐步回归分析的家庭农场经营规模影响因素分

析》，《生态经济》2019年第10期。

宋洪远、石宝峰、吴比：《新型农业经营主体基本特征，融资需求和政策含义》，《农村经济》2020年第1期。

苏昕、王可山、张淑敏：《我国家庭农场发展及其规模探讨——基于资源禀赋视角》，《农业经济问题》2014年第5期。

苏旭霞、王秀清：《农用地细碎化与农户粮食生产——以山东省莱西市为例的分析》，《中国农村观察》2022年第3期。

王吉鹏、肖琴、李建平：《新型农业经营主体融资：困境，成因及对策——基于131个农业综合开发产业化发展贷款贴息项目的调查》，《农业经济问题》2018年第2期。

王嫚嫚、刘颖、陈实：《规模报酬，产出利润与生产成本视角下的农业适度规模经营——基于江汉平原354个水稻种植户的研究》，《农业技术经济》2017年第4期。

王小朋、陈骐、郑彬：《发展家庭农场，加快农田水利设施建设》，《农业经济》2016年第1期。

王玄文、胡瑞法：《农民对农业技术推广组织有偿服务需求分析——以棉花生产为例》，《中国农村经济》2003年第4期。

王艺颖、刘春力：《陕西省主要粮食作物生产成本收益研究——以小麦，玉米为例》，《中国农业资源与区划》2016年第6期。

王勇、张伟、罗向明：《基于农业保险保单抵押的家庭农场融资机制创新研究》，《保险研究》2016年第2期。

魏晓莎：《美国推动农业生产经营规模化的做法及启示》，《经济纵横》2014年第12期。

吴方：《基于SFA的家庭农场技术效率测度与影响因素分析》，《华中农业大学学报》（社会科学版）2022年第6期。

吴萍、曹光乔：《我国农机合作社现状及其发展研究——基于对江苏、浙江和黑龙江三省16个农机专业合作社的调研》，《农业经济》2011 年第 9 期。

吴婷婷、余波：《家庭农场发展的金融支持研究——以江苏省南通市为例》，《当代经济管理》2019 年第 12 期。

吴翊民：《基于成本收益的企业环境信息披露研究》，博士学位论文，南开大学，2009 年。

武焱、马跃进：《家庭农场对农民收入的影响——基于省际数据的估计》，《经济问题》2021 年第 4 期。

肖斌、付小红：《关于发展家庭农场的若干思考》，《当代经济研究》2013 年第 10 期。

肖娥芳：《家庭农场发展：形成机理、影响因素及路径趋势》，博士学位论文，华中农业大学，2017 年。

邢伟：《"农村所有权人集体"制度研究》，博士学位论文，中国政法大学，2020 年。

徐三九：《潜山县和盛源农机合作社运行实践与思考》，《安徽农学通报》2013 年第 7 期。

徐世艳、李仕宝：《现阶段我国农民的农业技术需求影响因素分析》，《农业技术经济》2009 年第 4 期。

许庆、尹荣梁、章辉：《规模经济、规模报酬与农业适度规模经营——基于我国粮食生产的实证研究》，《经济研究》2011 年第 3 期。

薛亮、杨永坤：《家庭农场发展实践及其对策探讨》，《农业经济问题》2015 年第 2 期。

颜廷武、李凌超、王瑞雪：《现代化进程中农业装备水平影响因素分析》，《农业技术经济》2010 年第 12 期。

杨慧莲等：《土地细碎化增加"规模农户"农业生产成本了吗？——基于全国 776 个家庭农场和 1166 个专业大户的微观调查》，《中国土地科学》2019 年第 4 期。

杨建利、周茂同：《我国发展家庭农场的障碍及对策》，《经济纵横》2014年第2期。

杨蕾、杨伟坤、张博：《家庭农场融资困境与破解之道》，《银行家》2014年第9期。

杨素群：《农业经营适度规模解析》，《唯实》1998年第3期。

尹军军、余国新：《家庭农场与农户小规模农地对农业技术服务需求行为差异及影响因素》，《中国农业资源与区划》2019年第10期。

岳正华、杨建利：《我国发展家庭农场的现状和问题及政策建议》，《农业现代化研究》2013年第4期。

曾俊霞等：《中国职业农民是一支什么样的队伍——基于国内外农业劳动力人口特征的比较分析》，《农业经济问题》2020年第7期。

翟涛、范亚东、马光媚：《黑龙江省粮食作物成本收益分析及对策建议》，《粮食科技与经济》2015年第1期。

张朝华：《农户农业基础设施需求及其影响因素——来自广东的证据》，《经济问题》2010年第2期。

张红宇：《中国现代农业经营体系的制度特征与发展取向》，《中国农村经济》2018年第1期。

张露：《规模经济抑或分工经济——来自农业家庭经营绩效的证据》，《农业技术经济》2021年第2期。

张启文、刘珮瑶：《政府干预对金融机构与家庭农场信贷供需博弈影响分析》，《农业经济与管理》2020年第2期。

张五常：《交易费用的范式》，《社会科学战线》1999年第1期。

张友德、丁元：《家庭农场问题初探》，《新疆社会科学》1984年第4期。

张德元、李静、苏帅：《家庭农场经营者个人特征和管理经验对农场绩效的影响》，《经济纵横》2016年第4期。

张德元、潘纬：《家庭农场信贷配给与治理路径——基于安徽省

424户家庭农场的实证分析》,《农村经济》2015年第3期。

张正宝、栾香录:《我国家庭农场融资现状及制约因素分析》,《农业经济》2015年第12期。

赵佳、姜长云:《家庭农场的资源配置》,《运行绩效分析与政策建议——基于与普通农户比较》,《农村经济》2015年第3期。

赵佳、姜长云:《兼业小农抑或家庭农场——中国农业家庭经营组织变迁的路径选择》,《农业经济问题》2015年第3期。

赵建亚等:《农机专业合作社发展浅析》,《河北农机》2011年第4期。

赵金国:《山东省粮食类家庭农场研究、形成、经营效率与生存能力》,博士学位论文,山东农业大学,2018年。

郑军南:《我国奶业产业组织模式的演化及其选择:理论与实证研究》,博士学位论文,浙江大学,2017年。

郑淋议:《中国农业经营制度:演变历程、问题聚焦与变革取向》,《农村经济》2020年第1期。

郑涛等:《我国家庭农场金融需求的影响因素分析——基于3市424个家庭农场的入户调查》,《四川师范大学学报》(社会科学版)2017年第3期。

郑旭媛、徐志刚:《资源禀赋约束,要素替代与诱致性技术变迁——以中国粮食生产的机械化为例》,《经济学》(季刊)2017年第1期。

钟成林、滕玉华、张毓卿:《农产品出口、农业劳动力部门竞争与农业生产效率:基于面板门限回归模型的实证研究》,《世界经济研究》2019年第5期。

钟成林、周峰、胡雪萍:《农业劳动力流动模式变迁对农业生产效率的非线性影响研究——基于面板门限回归模型的实证检验》,《商业研究》2019年第12期。

钟甫宁:《正确认识粮食安全和农业劳动力成本问题》,《农业经济问题》2016年第1期。

钟真、姚炜航:《谁在从事农业规模化经营?——新型农业经营主体及其成长特征分析》,《农林经济管理学报》2018年第4期。

周诚:《对我国农业实行土地规模经营的几点看法》,《中国农村观察》1995年第1期。

周应恒、胡凌啸、严斌剑:《农业经营主体和经营规模演化的国际经验分析》,《中国农村经济》2015年第9期。

朱红根等:《稻作经营大户对专业合作社需求的影响因素分析——基于江西省385个农户调查数据》,《农业经济问题》2008年第12期。

朱启臻、胡鹏辉、许汉泽:《论家庭农场:优势、条件与规模》,《农业经济问题》2014年第7期。

二　英文文献

A. Bischoff, "Insights to the Internal Sphere of Influence of Peasant Family Farms in Using Biogas Plants as Part of Sustainable Development in Rural Areas of Germany", *Energy, Sustainability & Society*, Vol. 2, No. 1, 2012.

Anacleti K. Kashuliza, "Perception and Role of Informal Rural Finance in Developing Countries: The Example of Tanzania", *Journal of Rural Studies*, Vol. 9, No. 2, 1993.

A. N. Berger, I. Hasan, L. F. Klapper, "Further Evidence on the Link between Finance and Growth: An International Analysis of Community Banking and Economic Performance", *Journal of Financial Services Research*, Vol. 25, No. 2, 2004.

A. Siamwalla et al., "The Thai Rural Credit System: Public Subsidies, Private Information, and Segmented Markets", *World Bank Economic Review*, Vol. 4, No. 3, 1990.

C. Bell, "A Symposium Issue on Imperfect Information and Rural Credit Markets: Interactions between Institutional and Informal Credit Agencies in Rural India", *The World Bank Economic Review*, Vol. 4, No. 3, 1990.

C. Pawel et al., "The Land is What Matters: Factors Driving Family Farms to Organic Production in Poland", *British Food Journal*, Vol. 121, No. 6, 2019.

E. A. Yeager, M. R. Langemeier, "Productivity Divergence Across Kansas Farms", *Agricultural & Resource Economics Review*, Vol. 40, No. 2, 2011.

F. Gheller, "Governing Large-Scale Farmland Acquisitions in Qu, Bec: The Conventional Family Farm Model Questioned", *Agriculture and Human Values*, Vol. 35, No. 3, 2018.

Giovanni Andrea Cornia, "Farm Size, Land Yields and the Agricultural Production Function: An Analysis for Fifteen Developing Countries", *World Development*, Vol. 13, No. 4, 1985.

Girard W. Bradshaw, David Orden, "Time Series Models for Exchange Rate and Agricultural Price Forecasts", *Revista de Análisis Económico*, Vol. 3, No. 2, 1988.

H. Brookfield, "Family Farms are Still Around: Time to Invert the Old Agrarian Question", *Geography Compass*, Vol. 2, No. 1, 2008.

H. J. Wang, "A Stochastic Frontier Analysis of Financing Constraints on Investment: The Case of Financial Liberalization in Taiwan", *Journal of Business & Economic Statistics*, Vol. 21, No. 3, 2003.

J. L. Glover, "Capital Usage in Adverse Situations: Applying Bourdieu's Theory of Capital to Family Farm Businesses", *Journal of Family & Economic Issues*, Vol. 31, No. 4, 2010.

J. Ulimwengu, O. Badiane, "Vocational Training and Agricultural Productivity: Evidence from Rice Production in Vietnam", *Journal of Agricultural Education & Extension*, Vol. 16, No. 4, 2010.

J. Yang et al., "The Rapid Rise of Cross-Regional Agricultural Mechanization Services in China", *American Journal of Agricultural Economics*, Vol. 95, No. 5, 2013.

K. A. Safitri, "An Analysis of Indonesian Farmer's Financial Literacy", *Studies of Applied Economics*, Vol. 39, No. 4, 2021.

K. Yu, X. Zhu, X. Chen, "Transaction Costs and Performance Variation of Agricultural Operators", *China Agricultural Economic Review*, Vol. 7, No. 3, 2015.

L. Ramboarison-Lalao, A. Lwango, François-RÉGis Lenoir, "Barriers And Key Success Factors in The Transgenerational Transmission of Family Farm Businesses in The French Context: 'Theory of Hypertrophy vs. Equilibrium of Life Spheres' Proposition", *International Journal of Entrepreneurship and Small Business*, Vol. 34, No. 2, 2018.

L. Solecki, "Assessment of Annual Exposure of Private Farmers to Whole Body Mechanical Vibration on Selected Family Farms of Plant Production Profile", *Annals of Agricultural & Environmental Medicine Aaem*, Vol. 17, No. 2, 2010.

M. C. Ahearn, H. El-Osta, J. Dewbre, "The Impact of Coupled and Decoupled Government Subsidies on Off-farm Labor Participation of U. S. Farm Operators", *American Journal of Agricultural Economics*, Vol. 88, No. 2, 2006.

M. F. Brabo et al. , "Production Strategy Influence on the Economic Viability of a Family Fish Farm in ParÁ State, Amazon, Brazil", *International Journal for Innovation Education and Research*, Vol. 9, No. 1, 2021.

M. G. Colombo, L. Grili, "Founders' Human Capital and the Growth of New Technology-based Firms: A Competence-based View", *Research Policy*, Vol. 34, No. 6, 2005.

M. Johnson, *A Philosophy of Second Language Acquisition*, Yale University Press, 2008.

N. Popović, "Economic Aspects of Sheep Farming on the Family Farm Models in the Hilly-Mountain Regions of Serbia", *Ekonomika Poljoprivrede*, Vol. 65, No. 4, 2018.

P. Duesling, "The Impacts of On-Farm Diversification to the Family Farm and the Intersection of Land Preservation Through Public Planning in Ontario", *Rural Review Ontario Rural Planning Development and Policy*, Vol. 5, No. 1, 2021.

P. K. Chintagunta, H. S. Nair, "Discrete-Choice Models of Consumer Demand in Marketing", *Marketing Science*, Vol. 30, No. 6, 2011.

P. A. Liao et al. , "Can the Adoption of Protected Cultivation Facilities Affect Farm Sustainability?", *Sustainability*, Vol. 12, No. 23, 2020.

P. Manisha, S. Dhriti, "Constraints Faced in Utilization of Agricultural Technology Information Centre (ATIC) Facilities by Farm Families", *Journal of Community Mobilization and Sustainable Development*, Vol. 10, No. 1, 2015.

R. L. Lovanirina et al. "Barriers and Key Success Factors in the Transgenerational Transmission of Family Farm Businesses in the French Context: 'Theory of Hypertrophy vs. Equilibrium of Life Spheres' Proposition", *International Journal of Entrepreneurship and Small*

Business, Vol. 34, No. 2, 2018.

R. Mitchell, F. Myles, E. Marsden, "Second Language Learning Theories. 3rd Edition", *Language*, Vol. 77, No. 1, 2004.

S. Müller, K. Haase, "Customer Segmentation in Retail Facility Location Planning", *Business Research*, Vol. 7, No. 2, 2014.

T. Lu, "Study on Financing Issues of Family Farm in Hubei Province", *Asian Agricultural Research*, Vol. 10, No. 10, 2019.

V. K. Das, A. Ganesh-Kumar, "Farm Size, Livelihood Diversification and Farmer's Income in India", *Decision*, Vol. 45, No. 2, 2018.

V. U. Oboh, S. Kushwaha, "Socio-economic Determinants of Farmers' Loan Size in Benue State", *Journal of Applied Sciences Research*, Vol. 5, No. 4, 2009.

Wusheng Yu, C. Elleby, H. Zobbe, "Food Security Policies in India and China: Implications for National and Global Food Security", *Food Security*, Vol. 7, No. 2, 2015.

X. Wang et al., "Preliminary Analysis on Economic and Environmental Consequences of Grain Production on Different farm Sizes in North China Plain", *Agricultural Systems*, Vol. 153, No. 2, 2017.

Y. W. Zhao, M. L. Huo, Z. M. Liu, "Thoughts on Promoting the Moderate Scale Management of Agriculture in China", *Research of Agricultural Modernization*, Vol. 38, No. 6, 2017.

Y. Yang et al., "Social Capital and the Use of Organic Fertilizer: An Empirical Analysis of Hubei Province in China", *Environmental Science and Pollution Research*, Vol. 27, No. 1, 2020.

Zhi-Xiong Du et al., "The Short-and Long-term Impacts of the COVID-19 Pandemic on Family Farms in China-Evidence from a Survey of 2324 Farms", *Journal of Integrative Agriculture*, Vol. 19, No. 12, 2020.